Albrecht
Bangert

Der Stil der 50er Jahre

MÖBEL
UND
AMBIENTE

HEYNE

HEYNE-BUCH Nr. 08/4905
im Wilhelm Heyne Verlag, München

Titelbild:
Satztische in Nierenform aus Dänemark
(Arne Jacobsen)

Rückseite:
Französischer Barhocker
Englischer Couchtisch in Palettenform
Französischer Couchtisch aus farbigem Glas

Innentitel:
Resopalkunst: Farbig gefaßte Kunststoffbar,
Deutschland 1952

Copyright © 1983
by Wilhelm Heyne Verlag GmbH & Co. KG, München
Printed in Germany 1983
Layout: Margot Brauch
Lithografie: RMO-Druck, München
Satz: Schaber, Wels
Druck: Aldusdruck, München

ISBN 3-453-41538-8

Inhalt

Vorwort

Die Anregung, den Formen der fünfziger Jahre nachzugehen, bekam ich in New York, als ich im Herbst 1981 die Sammlerin Barbara Jakobson besuchte. Sie konnte mir Möbel zeigen, die nicht nur zu den formschönsten, sondern auch zu den sammlerisch wertvollsten Stücken der fünfziger Jahre zählen: ein vier Meter langes, in freien Formen geschwungenes Sofa von Vladimir Kagan aus den frühen fünfziger Jahren, seltene Tische von Nogushi – so schön wie moderne Skulpturen, Elegantes von den Designern Eames und Rissom. Ihr sei an dieser Stelle herzlichst gedankt. Ebenso Philippe Garner von Sotheby's in London, der mir wegweisenden Rat geben konnte.

Weiter bestärkt in der Versuchung, mich mit den Fifties zu befassen, wurde ich durch die Begeisterung der »neuen« jungen Maler David Salle und Francesco Clemente. Beide schätzen die wirklich modernen Formen dieser Nachkriegszeit. Sie verwiesen mich auf einen der ersten Fifties-Läden, den »50/50« von Marc Isaakson im New Yorker Galerienviertel Soho.

Aus der anfänglichen Faszination wurde alsbald ein konkretes Projekt, als mir in Paris Marcel Fleiss seine über tausend Objekte umfassende Design-Sammlung zur Publikation zur Verfügung stellte. Hier konnte ich die verrücktesten Radios, die ersten Fernsehgeräte, die ausgefallenen Formen von Bügeleisen, Mixern und Toastern »life« photographieren und studieren.

Den Glamour-Aspekt der fünfziger Jahre sammelt der Pariser Rock'n-Roll-Sänger Christoph. Er konnte seine Gitarren, Accessoires, Cadillacs und Music Boxen beisteuern.

Zu einem umfassenden imaginären Museum der Fünfziger-Jahre-Objekte wurde dieses Buch durch die französischen Sammler und Händler Mara Cremniter, François Laffanour, Jean Marc Mandalian-Boutes, Jean-Elie Olivier, Denis Bosselet und Alan.

In London standen mir großzügigerweise die wohl bedeutendste private Fünfziger-Jahre-Glassammlung von Lewis Kaplan sowie Objekte aus den Galerien von Michael Pruskin und Cobra & Bellamy zur Verfügung.

Das Münchner Amerikahaus deckte mich mit jeder gewünschten US-Literatur aus der »James-Dean-Zeit« ein.

Die Mailänder Architekturzeitschrift DOMUS, frühe Jahrgänge von MAGNUM, L'ARCHITECTURE D'AUJOURD'HUI, BAUEN UND WOHNEN sowie Kataloge von Kaufhäusern und Herstellern gaben weitere Informationen, ohne die ein Stilbild zu zeichnen undenkbar gewesen wäre.

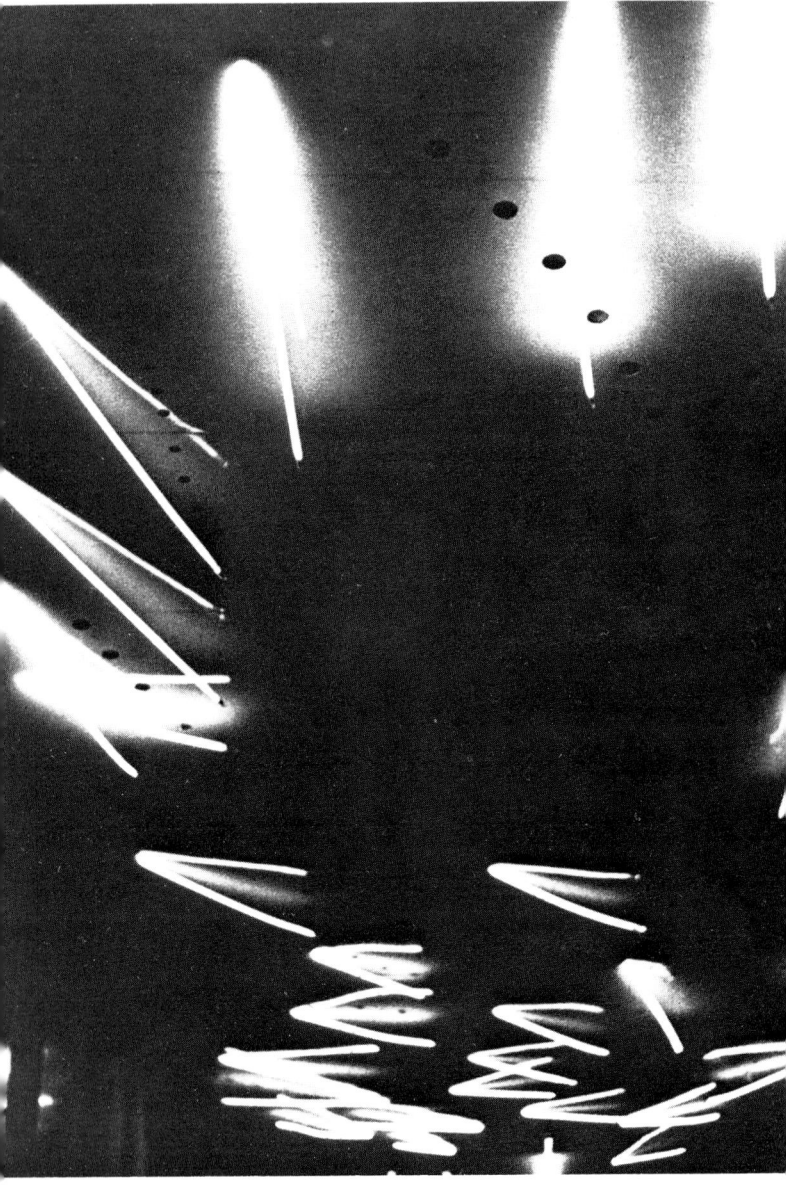

Stimmen zu den fünfziger Jahren

Skepsis und Optimismus lagen in keiner Zeit so untrennbar dicht nebeneinander wie in den fünfziger Jahren.
Zitate von Schriftstellern, Designern und Architekten können dieses Spannungsverhältnis, aus dem die Zeit lebte, belegen.

Die Bedrohung in den fünfziger Jahren

Wann begann der Alptraum des zwanzigsten Jahrhunderts?
1945, als er für viele Leute geendet zu haben schien.
Wie begann er?
Mit dem ersten Einsatz von Atombomben, die mit Dringlichkeit entwickelt worden waren, um rasch einen Krieg zu beenden, der zu lange gedauert hatte.

Anthony Burgess 1978 in seinem Roman mit dem Titel »1985«

Symbolarchitektur des frühen Atomzeitalters: das ATOMIUM – ein doppeldeutiges Wahrzeichen der Weltausstellung, Brüssel 1958

Links: Hoffnungsvoller Auftakt eines neuen Jahrzehnts: Lichtarchitektur von Luciano Baldessari und Lucio Fontana auf der IX. Triennale in Mailand 1951

Das ist die Signatur des westdeutschen Lebens nach '45: Es erschöpft sich scheinbar in einem geradezu materialistischen Realismus, dessen irreale Existenz aber durchaus einkalkuliert ist. Wir bauen großartig auf Sand. Wir leben beunruhigt und komfortabel über dem Abgrund, obwohl wir doch über unsere Situation Bescheid wissen.

Zur Koexistenz von Bedrohung und komfortablem Lebensstandard

> *Karl Pawek in der Kultur-*
> *illustrierten MAGNUM 1959*

Architekturexperiment der 50er Jahre: Die Oper im australischen Sydney nach Entwürfen des dänischen Nonkonformisten Utzon, 1957

Wir könnten vieles, vieles im eigentlichen Leben einfacher und daher billiger machen – und, wenn es unseren Kindern nicht mehr paßt, dann können sie es fortnehmen und können sich etwas noch viel, viel Fröhlicheres bauen.

Zur Improvisation der frühen fünfziger Jahre

> *Der Gartenarchitekt Hermann Mattern*
> *zu seinen Bauten der Gartenschau*
> *in Stuttgart 1950*

Kinowelt der
50er Jahre:
Publikum in einem
3D-Film

Zur Mentalität
der fünfziger
Jahre

Wenn einer zornig aufsteht und sein »J'accuse«
ausspricht, dann handelt es sich um keine
Dreyfus-Affäre, sondern höchstens um einen
Leihwagen-Prozeß.

*Der Theaterregisseur Oscar Fritz Schuh 1949
über die Mentalität der Deutschen*

Zum
Optimismus
der fünfziger
Jahre

So eine welleternisierte, farbig gestrichene
Wand kann ungeheuer fröhlich machen. Wenn
einem Gelb nicht mehr gefällt, könnte man sie
im nächsten Jahr rosa streichen.

*Der Gartenarchitekt Hermann Mattern
zu seinen Bauten der Gartenschau
in Stuttgart 1950*

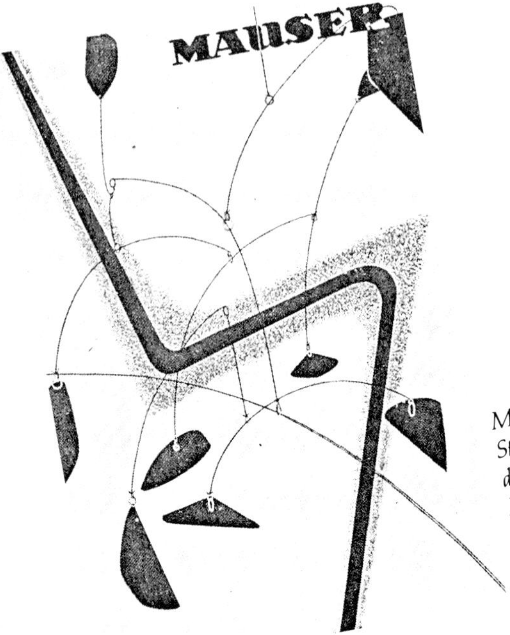

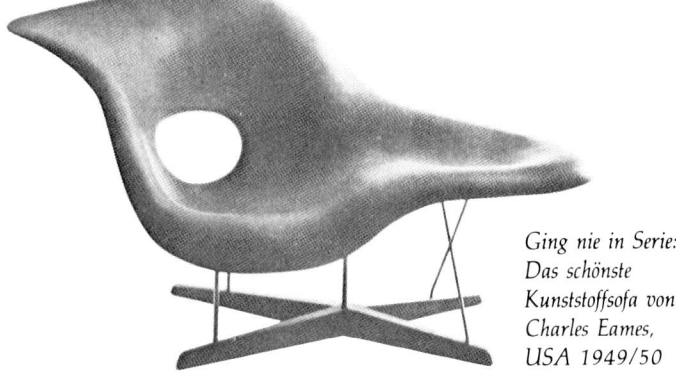

Moderne Zeiten:
Stuhlreklame der
deutschen Firma
Mauser, 1956

Details sind nicht nur Details – sie bestimmen   Design-Theorie
das Produkt.

Der amerikanische Designer
Charles Eames über sein Design-Prinzip

Ging nie in Serie:
Das schönste
Kunststoffsofa von
Charles Eames,
USA 1949/50

13

Zur Diktatur der »guten« Form

Vom Eise des Stils befreit haben uns die modernen Architekten. Die »Möbelgarnitur« ist ausrangiert. Louis I. bis XVI. sind abgeschafft. Der König ist tot – es lebe der König. Er heißt »Niere« oder »alles viereckig«, oder »der Knick im Stuhl«, oder »schief ist englisch, und englisch ist modern«.

Die modernen Architekten haben uns vom Stilzwang befreit, nur um uns umso totaler unter ihre Bootmäßigkeit zu zwingen. Die Faust im Nacken heißt »gute« Form.

Karl Pawek in seinem Beitrag
zur XI. Triennale in Mailand mit dem
Titel »Modern ohne Dienstvorschrift«,
veröffentlicht in MAGNUM 1957

Hula-Hoop-Rekord:
Der elfjährige Ricky Ilfeld mit
14 beleuchteten Reifen

Das Nierentischzeitalter

Als eine im Niveau »hoch« angesiedelte deutsche Wohnzeitschrift im vergangenen Jahr eine Repräsentativumfrage machte, fiel der Nierentisch bei den Lesern durch.

Skepsis und Angst vor dem Nierentischzeitalter scheinen weitverbreitet, denn dieser Stil betont nicht die Werte, sondern die Formen.

Die Angst vor dem Nierentisch

Jugendstil mit seinen handwerklich, (angeblich) nicht wiederholbaren Leistungen und Art Déco mit seiner preziösen Materialverschwendung stellen Werte dar, die in ein auf Sicherheit bedachtes Gesellschaftsbild besser passen. Wenn nun plötzlich vom Material her wertloses Resopal nur der Form, des Appeals und des Stils wegen Beachtung findet, kann man es nicht verdenken, daß die traditionelle Sammlergemeinde mit Ablehnung reagiert.

Nach einem modernen
Baukastenprinzip hat der französische
Fabrikant ein dekoratives Tischsystem
aus farbigen Glasplatten konzipiert

Obwohl die fünfziger Jahre erst drei Jahrzehnte zurückliegen, ist es nicht einfach, sich ein genaues Bild über den eigentlichen Fünfziger-Jahre-Stil zu machen, weil vieles gar nicht mehr existiert. Um so mehr Platz bleibt für die Phantasie. Soziologen mögen das Unbehagen dieser Jahre ergründen. Für das Erscheinungsbild spielt das Modische und Moderne eine große Rolle, denn die heute erst wieder verstandenen Ideen der frühen fünfziger Jahre, die uns am meisten fasziniert, war der unbändige Wille, modern zu sein.

»Modern« ist das häufigste Eigenschaftswort und auch das Motto dieser Jahre. »Moderne Kunst in deinem Leben« hieß eine Kampagne, die das New Yorker Museum of Modern Art 1949 als Ausstellung gestartet hatte. Moderne Form drang in den Alltag, »modern« wurde auch der Reportagestil der Illustrierten LIFE und ESQUIRE, »modern« war westlich, »modern« wurde die Malerei, »modern« die Musik und das Theater und »modern« sollte auch die neue Wohnform werden.

Fünfziger Jahre: Die modernste Moderne

Mit den »modernen Bedürfnissen« sollte die »moderne Raumausstattung« Schritt halten. »Der moderne Stuhl« gehörte zum »modernen Lebensstil«, neue Konstruktionen, »neuartige heitere und graziöse Formen«, zeitgemäße Zweckmäßigkeit wurde den »richtungsweisenden Entwürfen« nachgesagt. Moderne Entwürfe sollten Zeitlosigkeit verkörpern und waren – aus heutiger Sicht – in ihrer Modernität um so zeitgebundener, denn Modernität mußte schließlich auch einmal altmodisch werden.

Alles war modern

Die modernen Wohnvorstellungen sollten nach den von der renommierten Firma Knoll

International entwickelten Thesen zu einem
neuen Raum- und Wohnkonzept führen.
Mehr Funktionalität war das Gebot der
Stunde, zum einen aus Platzmangel und zum
anderen als Ausdruck einer Abkehr von der
bürgerlichen Repräsentation.

Eine neue
Wohn-
philosophie

*»Bei der heutigen Planung liegt das Gewicht nicht so
sehr auf der meßbaren Größe eines Raumes, sondern
weit mehr auf der Funktion, der er im persönlichen Bereich dienen soll. Dieser wesentliche Gesichtspunkt muß
daher in die Planung mit einbezogen werden«*, schreibt
die amerikanische Innenarchitektin FLOREN-
CE KNOLL zur Eröffnung ihrer Zweignieder-
lassung in Stuttgart. Weiter heißt es zu ihrem
neuen internationalen Wohnkonzept: *»Wollen
wir in einem Raum zugleich wohnen, essen und arbei-
ten, läßt sich mit Überlegung die Lebensführung in viel-
facher Weise vereinfachen. Neben den Tischen sind es
gut durchdachte Schrankeinheiten, die Platz sparen und
doch viel nutzbaren Raum schaffen. Ein sinnreich entwickeltes Kastenmöbel – aus der früheren Kommode
hervorgegangen – ersetzt heute eine Vielzahl von Einzel-
stücken. Langgestreckte Schränkchen mit Schiebetüren
oder Klappen auf schlanken Füßchen, scheinbar schwe-
bend oder etwa aufgehängt, nehmen Geschirr, Gläser
und Besteck auf. Bücher und Radios und anderes lassen
sich im offenen Fach unterbringen oder leicht hinter
Schiebetüren verbergen. Die bewußte Betonung der Ho-
rizontalen schafft darüber hinaus ein wohltuendes Ge-
fühl der Raumweite.«*

Nachholbedarf
für moderne
Kunst

Verbliebene Freiflächen konnten so durch
freigeformte Sitzmöbel und den berühmt-be-
rüchtigten Nierentisch belebt werden.

Obwohl noch keine zwei Jahre vergangen
waren, seit auf dem Schwarzmarkt in Berlin
zwanzig Zigaretten 150 Reichsmark gekostet

hatten, ein Kilo Kaffee mit 1100 Reichsmark und ein Ei mit 12 Reichsmark bezahlt werden mußten, war im Nachkriegsdeutschland 1950 die Diskussion um die moderne Kunst voll im Gange.

Bei den Darmstädter Gesprächen 1950 diskutierte man fanatisch über das Für und Wider abstrakter Malerei. Der ehemalige Bauhauslehrer A. ITTEN hielt einen Vortrag über *»Die Möglichkeiten der modernen Kunst«,* und als Gegenthese warnte der heute noch umstrittene Kunsthistoriker HANS SEDLMAYER in seinem Vortrag vor den *»Gefahren der modernen Kunst«.*

Das Abstrakte und Moderne war in den frühen fünfziger Jahren zum kontroversen Kampffeld geworden, auf dem Idealisten und Utopisten mit den unverbesserlich Konservativen aufeinanderstießen.

Streit um die Moderne

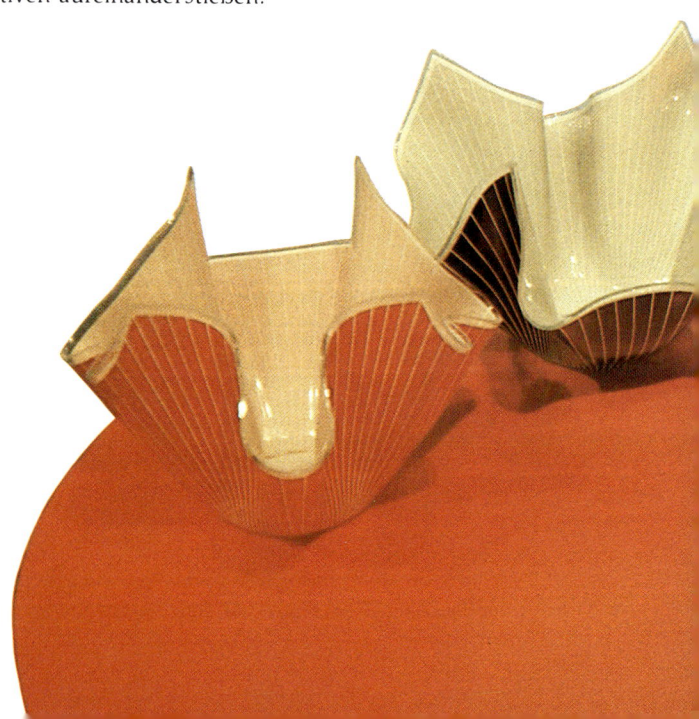

**Kunst und
Alltag**

1952 veranstaltete die Städtische Kunsthalle Recklinghausen anläßlich der Ruhrfestspiele ihre Ausstellung: »*Mensch und Form unserer Zeit*«. Kunstwerke und neu gestaltete Gebrauchsobjekte des Alltagslebens wurden miteinander ausgestellt, um zu demonstrieren, wie sehr Kunst und Alltag auf einer modernen Linie liegen können.

Der Hunger nach modernem Lebensstil äußerte sich bereits seit 1946 in den deutschen Architekturzeitschriften, die sich in dieser Zeit weniger an den Realitäten und schon gar nicht am Publikumsgeschmack messen mußten, sondern sich als Vordenker für zukünftige Entwicklungen verstanden.

Englischer Tisch in Form einer Palette

Ihre Aufgabe als Richtungsweiser übernahmen groß angelegte Ausstellungen, die als internationale Foren das Neue und Moderne verkündeten. Sie simulierten aber eher einen Idealzustand, der sich nicht am Alltag zu messen lassen brauchte.

Als 1955 in Kassel die erste DOCUMENTA dem deutschen Volk einen Rückblick bis zu den Wurzeln der modernen Kunst präsentierte, war das internationale Interesse groß, eine statistische Umfrage zum Bewußtseinsstand erbrachte eine den Botschaften der DOCUMENTA erschreckend konträre Bilanz.

Wie sehr das »Moderne« in Deutschland jedoch ein Anliegen von Minderheiten war, beweist folgendes Ergebnis: Zum Picasso-Stil befragt, waren nur 6 % zustimmend, 32 % ablehnend, 11 % unentschieden und 51 % desinteressiert! So entschieden Bundesbürger ohne besondere Bildung. Bei Abiturienten verschiebt sich das Bild: statt 32 % lehnten sogar 45 % die moderne Kunst ab, 16 % stimmten ihr zu, 26 % waren unentschieden, 13 % interessierte die Frage überhaupt nicht. Obwohl selten soviel über das »Moderne« diskutiert wurde wie in den fünfziger Jahren, erreichte diese wichtige Frage kaum die Hälfte der Bevölkerung.

Die Fachwelt und die Befürworter des guten modernen Geschmacks hatten in den fünfziger Jahren ihren Blick nach Mailand gerichtet, wo 1951 die IX. TRIENNALE Idealbilder musterhafter Industrieproduktion, moderner Ambiente und internationaler Architektur entwarf. Sonderschauen waren dem Glas, den Lampen, der Keramik und einzelnen Ländern gewidmet. Der gute Geschmack sollte zur Weltsprache werden.

Geschmack als Weltsprache

Wie unversehrt Italien den Faschismus (im Gegensatz zu Deutschland) überstanden hatte, bewiesen die Ausstellungsmacher: Das Entrée war von dem Bühnenbildner und Architekten LUCIANO BALDESSARI gestaltet, der seinen früheren futuristischen Stil durch dynamisch schwingende Neonröhren (nach Entwürfen von Luciano Fontana), Linoleumböden mit eingestreuten Farbmustern und expressiven Wandkeramiken in ein apart schwingendes Fünfziger-Jahre-Ambiente wandelte, was wohl gleichzeitig mit anderen Ausstellungsbauten nach seinen Entwürfen *die* Höhepunkte des Fünfziger-Jahre-Stils darstellte (Abb. S. 109).

Bühne des
internationalen
Designs:
Die Triennale
in Mailand

»Es ist nicht zufällig, daß dieses internationale Gespräch über die moderne Form auf italienischem Boden stattfindet. Wohl ist die TRIENNALE in einer fast dreißigjährigen Tradition an die Stadt Mailand gebunden. Aber kein anderer Boden dürfte der allgemein-europäischen Assimilation an das moderne Klima günstiger sein als der italienische, der dazu berufen scheint, die Kräfte des Improvisierens und Experimentierens, des kühnen Vorgreifens auf die künftige Form zu lösen.

Es ist natürlich, daß Italien das Thema angibt, mit leidenschaftlicher Dynamik alle Bezirke des Gestaltens einbeziehend; nicht einheitlich in der Konkretisierung, aber im Bekenntnis, in der grundsätzlichen Hinwendung zu einer Haltung, die Gegenwärtiges und Zukünftiges umfaßt. Nirgends eine Orientierung nach rückwärts. Von einer strengen Disziplin der in vielfältigen Aspekten dargestellten Architektur, die einfallsreich abgewandelt, mit immer neuen Ideen erfüllt ist und in der Beherrschung der Maße das klassische Erbe offenbar werden läßt. Tradition im besten Sinne! Experimenteller und phantasiereicher in der Gestaltung des Möbels, von der einfachsten konstruktiven Form, wie sie in den Wohnungseinrichtungen des Mailänder Kaufhauses LA

RINASCENTE demonstriert wird, bis zu den aus-
schweifendsten Erfindungen und mutwilligsten Verstie-
genheiten.«

Was hier als zukunftsweisende Vision zu Beginn des Jahrzehnts quasi als internationale
ideale Förderung dargestellt wird, wurde fünf
Jahre später in einer englischen Ausstellung,
nicht von der Industrie, sondern von einer
Künstlergruppe veranstaltet, bereits in Zwei-
fel gezogen. *»This is tomorrow«* ist der Titel der
visionärsten Schau der fünfziger Jahre. Sie
trägt 1956 einem anderen Aspekt – dem Ge-
brauchsgegenstand – Rechnung. Ihr Thema ist
zum erstenmal die *Konsumkultur*. Was in der
Londoner White Chapel Galery gezeigt wurde,
ist ein durch Collage und Verzerrung deutlich
gemachtes Psychogramm der damaligen Ge-
genwart, eine souverän ironische Darbietung
und Sichtbarmachung der »Pop Kultur«, bei der
nicht die Ästhetik, sondern das Konsumver-
halten der Käufer das Produkt bestimmt.

Künstler
entdecken die
Konsumkultur

Was in den sechziger Jahren zu einem aner-
kannten Kunststil wurde, ist 1956 von engli-
schen Künstlern entdeckt worden. Zum ersten
Mal wurde »Pop Art« zelebriert: die Fünfziger-
Jahre-Illustrierten-Fotos, Reklamen, Toaster,
Plymouth-Limousinen – eine *»Hommage à la
Chrysler«*, die die animierenden Chromge-
schwülste der amerikanischen Autoindustrie
aufgreift. Anstelle abstrakter Äußerungen
steht seriengefertigter Lebensstandard, die
Kühlschrank-, Staubsauger- und Kofferradio-
Kultur im Mittelpunkt.

Serien-
gefertigter
Lebensstandard
als Kunstmotiv

*»In den frühen fünfziger Jahren hatte man in den USA
erkannt, daß die Produktion an sich kein Problem dar-
stellt. Es gehe in erster Linie darum, einen Konsum zu
stimulieren, der dem Produktionsbedarf der Industrie*

entsprach«, philosophierte RICHARD HAMIL-
TON (Jahrgang 1922), der diese Londoner
Ausstellung maßgeblich inspirierte. Von seiner
Analyse der »Midcentury existence«, dem
Leben »als das Jahrhundert Halbzeit machte«
ausgehend, schloß er, daß die Massenkunst
oder »Pop Art«, wie er sie nannte, keine volks-
tümliche Kunst im alten Sinne ist, die aus dem
Volk hervorgebracht wird. Vielmehr stamme
sie von Profis, die eine außerordentliche kultu-
relle Sensibilität entwickelt haben. Seine »Lek-
tion der fünfziger Jahre« ist die Existenz der
»Pop Art« und nicht die schon in einem Kunst-
bewußtsein produzierte Kunst, der noch die
2. DOCUMENTA 1959 ausschließlich gewidmet war.

*Die Produktwelt
der Fifties als
Motiv für die
Popart entdeckte
der englische
Künstler David
Hamilton bereits
1956 in seiner
Collage: This is
tomorrow*

Was drei Jahre nach »*This is tomorrow*« in Kassel
gezeigt wurde, spielte sich ungeachtet der
Erkenntnisse Hamiltons ab und war letztlich
eine Art Bestandsaufnahme und Rückblick auf
die »Entwicklung der letzten fünfzehn Jahre
Europas und der ihm zugewandten Länder«,

wie es im Geleitwort zum Katalog programmatisch heißt. Die hier gezeigten Werke blieben im Elfenbeinturm der Kunst, waren abstrakte Weltsprache – Kunstsprache.

Was hier in Form von expressiven Tröpfelbildern, monochromen blauen Flächen und zusammengenähten Jutesäcken immer noch die Gemüter erhitzte, hatte man ironischerweise schon längst in den Alltag der Gebrauchsgüter integriert: Die informelle abstrakte moderne Kunst war zum Musterlieferanten für Tapetenfabrikanten, Folienhersteller und Kunststoffkollektionen geworden. Am volkstümlichsten tummelte sich »Modernes« auf den Resopalbeschichtungen der Nierentische. Die moderne Kunst hatte sich als Dekorationsform bereits etabliert, ehe sie von einem breiten Publikum akzeptiert wurde. So wurden schon damals Wertwelten auf den Kopf gestellt, was den Nierentisch heute immer noch zum Zündstoff macht.

Moderne Kunst wird zum Musterlieferanten

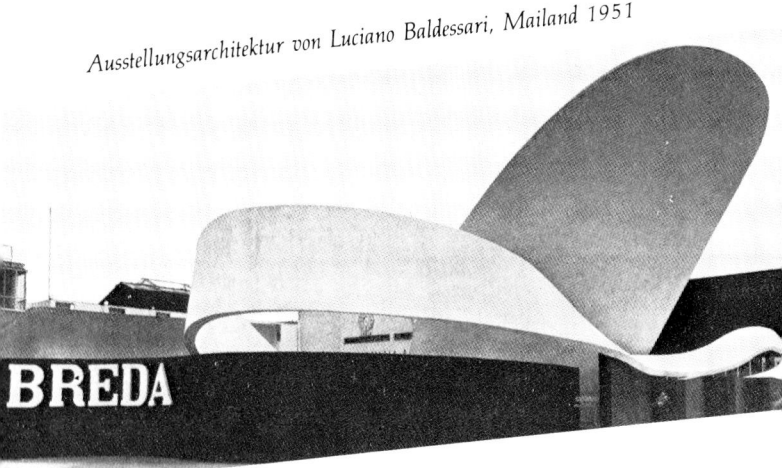

Ausstellungsarchitektur von Luciano Baldessari, Mailand 1951

*Kinofoyer der
frühen 50er Jahre*

Neben der dekorativen Adaption der modernen Kunst spielt bei den frühen Fünfziger-Jahre-Produkten die Improvisation eine große Rolle. Am Material mußte gespart werden, der Effekt durfte nicht viel kosten. Musterbeispiele für solch improvisiertes Ambiente waren die bundesdeutschen Kinos. Mitte der fünfziger Jahre zählte man in Westdeutschland stolze 6483 Lichtspielhäuser, 2,7 Millionen Kinoplätze, von denen aus man sich Heimatfilme wie »*Grün ist die Heide*« mit Sonja Ziemann und Rudolf Prack oder Problemfilme wie »*Jenseits von Eden*« mit James Dean, die »*Faust im Nacken*« mit Marlon Brando oder seit 1953 die ersten »Schinken« in Cinemascope wie »*Das Gewand*« zu Gemüte führen konnte.

Um den Kinobesuch attraktiv zu gestalten, suchten die Architekten Raumlösungen, die

Kinowelt

Die moderne Kunst war in den 50er Jahren als Dekorationsform sehr beliebt

Filmstudio BAMBI in Nürtingen

mit ihren gerundeten Schwüngen die damals besonders unwirtliche Außenwelt für eine Weile vergessen machen sollten. Indirektes Licht aus nicht sichtbaren Quellen, Lautsprecher hinter Stoffbespannungen verborgen, durch Akustikplatten gedämpft, alles trat nur indirekt in Erscheinung, so daß sich die Harmonie einer frei erfundenen Dekorationswelt voll entfalten konnte. Über schwarzem Nessel waren farbige Kunststoffschnüre gespannt, Streifen aus Kunststoffolie schnitten, säumten und betonten wellenförmig gestaltete Emporen, andere Wandflächen waren effektvoll – und kostensparend – mit in Falten gelegter Azellafolie bespannt.

*»Der geräumige, in weichen Wellen kurvende Rang
scheint durch indirekte Beleuchtung von den Wänden
gelöst, der Eindruck des Unbestimmten in der Linienführung der Brüstung wird durch indirekte Beleuchtung verstärkt«*, so beschreibt der Kinoarchitekt
PAUL BODE in seinem praktischen Lehrbuch
zur Gestaltung der Lichtspielhäuser ein neues
Theater in Hannover. Zur Raumbelebung un-
terstützen *»unregelmäßig verteilte Farbtupfen im Ge-
stühl in Marineblau, Pompeianischrot, Silbergrau die
dekorative Wirkung des Raumes, dessen gewölbte Decke
einem Sternenhimmel gleich mit Lichtern übersät
war«*.

Architektur des
schönen
Scheins

In Mannheim hatte Paul Bode das ALHAM-
BRA (Abb. S. 29) gestaltet. Mit seinen in unre-
gelmäßigen Wellen laufenden, mit bronzefar-
benen Stäben verkleideten Emporen und einer
effektvoll in Dunkelblau gehaltenen Bespan-
nung zählt dieses Filmtheater zu den schönsten Scheinarchitekturen der fünfziger Jahre.
Eine fließende expressive Raumform, durch
Materialien und indirekte Beleuchtung noch
betont, war Ausdruck des für die frühen fünfziger Jahre typischen Form- und Dekorations-
empfindens. Die Innenraumgestaltung dieser
Bauten ist ein Pendant zu den damals modernen Nierentischen.

Heute gehört das Innendekor dieser Kinowelt
wie auch die Nierentische einer inzwischen
wieder mit Sentimentalität besetzten Vergangenheit an. Gemalte Fresken im Foyer, die auf
naive Weise den Stand der damaligen modernen Kunst reflektierten, dramatische indirekte
Beleuchtung, mit Goldknöpfen und Kordeln
abgesteckte Wandbespannungen aus Kunststoffolie entsprachen mit ihrer melodramati-
schen Sentimentalität bald nicht mehr den ge-
stiegenen Ansprüchen.

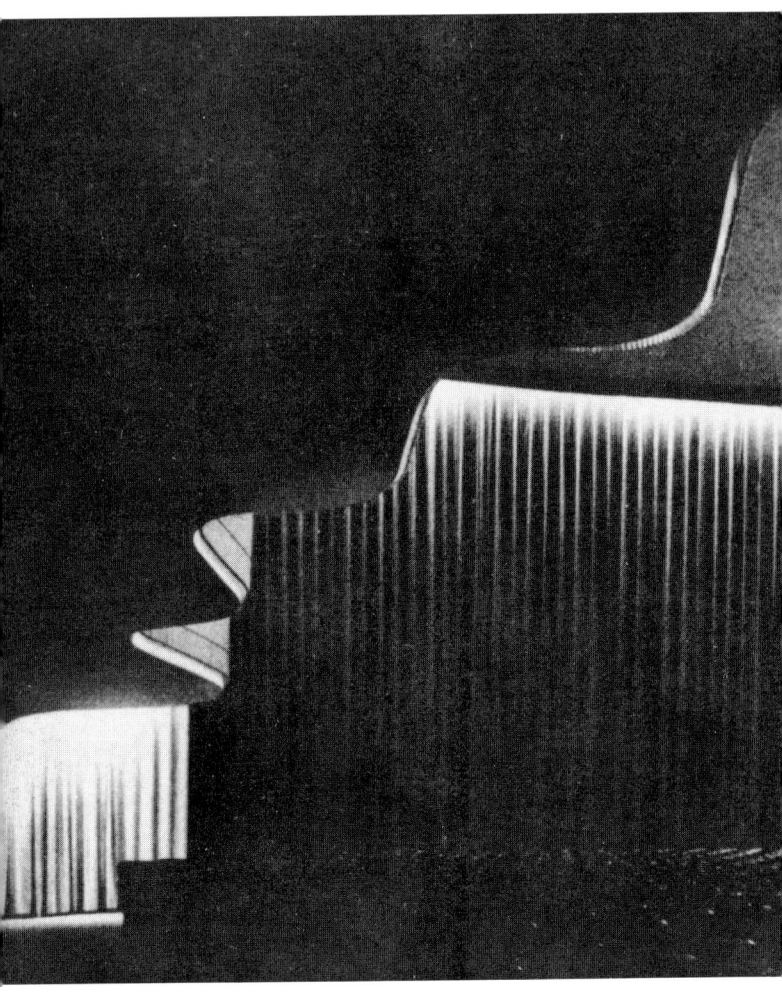

Die Kinoausstattungen der 50er Jahre lebten von der Improvisation:
Mit wenig Material, indirekten Beleuchtungseffekten und viel Form entstand
eine theatralische moderne Atmosphäre

*Das ALHAMBRA in Mannheim mit seiner wellenförmig geschwungenen,
mit Kupferstäben verkleideten Empore. Sie und die indirekte Beleuchtung
bilden die einzigen, aber um so effektvolleren Akzente im nachtblau
ausgeschlagenen Kinosaal. Architekt Paul Bode, Kassel*

Deutschland:
Kleinkariert und provinziell

*»So eine welleternisierte, farbig gestrichene Wand kann
ungeheuer fröhlich machen. Wenn einem Gelb nicht
mehr gefällt, könnte man sie im nächsten Jahr rosa streichen . . .«*, rät ein träumender Utopist 1950 zu
Beginn des großen Baubooms. Sein Name:
HERMANN MATTERN. Er zählt zu den posi-
tiven Ausnahmen in der Szene der Nachkriegs-
architektur. Er ließ sich von der Stunde Null zu
Neuem inspirieren und dachte nicht an einen
blindwütigen Wiederaufbau, ohne eigentliche
Neuorientierung.

Die Stunde
Null macht
erfinderisch

*»Wir könnten vieles, vieles im eigentlichen Leben einfa-
cher und daher billiger machen – und wenn es unseren
Kindern nicht mehr paßt, dann können sie es fortnehmen
und können sich etwas noch viel, viel Fröhlicheres . . .«*,

Form- und Farbspiel zweier Nierentische:

Dieser originelle und für die 50er Jahre typische Entwurf setzt auf die freie Formenkomposition im Raum

Modell eines Schweizer Herstellers

Resopal à la Paul Klee
Deutschland 1952

hier äußert sich ein besonderer Wesenszug der fünfziger Jahre. Nach den Erlebnissen des Krieges sollte die Architektur »fröhlich« sein. In den sechziger und siebziger Jahren, die hauptsächlich auf Prestige aus waren, eine undenkbare Haltung.

Zur Gartenschau in Stuttgart 1950 ließ Mattern von einem Bildhauer in eine aus Trümmerschutt aufgebaute Sandsteinmauer zwei ruhende Kühe im Relief meißeln – fertig war

»Ein Schutz- und Gästehaus für Menschen unserer Zeit!« – Improvisierte Milchbar aus Bruchsteinen, Gartenschau Stuttgart 1950 Stühle: Egon Eiermann

die Milchbar, gedeckt mit Welleternit und be-
stückt mit Stühlen modernster Art des Stutt-
garter Architekten EGON EIERMANN, der
sie nach dem aus Amerika importierten
Schichtholzverfahren à la Charles Eames entworfen hatte. Auf Ruinen und alten Funda-

**Architektur auf
Zeit**

menten entstand eine Architektur auf Zeit,
deren Gebäudeformen mit einer sorgfältig
ausgesuchten Bepflanzung korrespondierten.
Gemäß ostasiatischer Tradition hatte Hermann Mattern für diese natur- und menschen-
freundliche Architektur ein neues Pflanzkon-
zept mit Bäumen und Gewächsen als »Maß-
stabsbildner« entwickelt.

Für einen rechnenden Realisten sah die Zukunft 1948 bereits anders aus. Dipl.-Ing. Mar-
tin Arndt, Vorstandsvorsitzender der Baufir-

**Zukunft in
Beton**

ma Philipp Holzmann AG, projektierte das an-
stehende Neubauvolumen in der Bundesrepu-
blik mit 920 Millionen Kubikmeter und den
Bedarf an öffentlichen Gebäuden und Fabriken
veranschlagte er mit 380 Millionen Kubikmeter. Für die Bewältigung dieser Baumassen
kalkulierte er einen Zeitraum von 30 Jahren.

Engagierte Architekten hielten der rein tech-
nokratischen Lösung des Problems entgegen:
*»Die kurzatmigen Realisten werden weder den Willen
noch die Kraft aufbringen können, das Fehlmaß an Werten zu produzieren, die uns ihre kalten Berechnungen für
die nächsten dreißig Jahre vor Augen halten.«* Für
einen neuen Aufbau veranschlagten sie gut
60 Jahre. Mitten im Bauboom, als sich der Aufbau noch kurzatmiger und bombenfester gestaltete und das Fehlmaß an Werten bedrohli-
che Formen annahm, monierte die für den auf-
geklärten Zeitgeist der fünfziger Jahre repräsentative Zeitschrift MAGNUM: *»Wir schaffen
für eine Zukunft, an die wir nicht zu denken wagen.«*

Kommodenschrank mit farbigem Plastikbezug   Entwurf: Arnold Bode, 1952

Auch das Wohnen sollte sich, wäre es nach den
Vorstellungen vieler Architekten der Nachkriegszeit gegangen, grundsätzlich ändern. Im
Rückblick ist man erstaunt, was gerade in der
Zeit vor 1950 bereits in dieser Richtung diskutiert und hoffnungsvoll ausgedacht wurde.
Das Wandelbare sollte anstelle des starren und
für überlebt gehaltenen repräsentativen deutschen Möbels treten. Das Provisorische sollte
zu einer permanent wandelnden Form kulti-
viert werden. Das Mobile sollte das Immobile
ersetzen.

»Raumsparende, helle und heiter freundliche Zimmer-
genossen, Möbelwesen, nicht mehr der sogenannten Re-
präsentation dienend, sondern dem Gebrauch und der
Freude daran ... hergestellt werden sie, wie gesagt, die
eigentlich zu unserem Wohnungsleben gehörigen
Stücke, doch es fehlt in Deutschland noch an den zur
Aufnahme bereiten Schichten«, schrieb 1948 ein
noch illusionsbeladener Architekt.

Rectaformsessel
Entwurf: Arnold Bode, 1952
Eine Novität für die damalige Zeit: die Polster sind aus Schaumgummi

Was 1948 als Vermutung geäußert wurde, bestätigte sich 1955 in einer Umfrage des Instituts für Demoskopie. Frauen über ihren Wohngeschmack befragt, bekannten sich zur gängigen Möbelkonfektion alter Prägung mit solider Hochglanzpolitur und herkömmlicher Typologie. Lediglich 7 % bevorzugten ganz moderne Möbel, 30 % sprachen sich für einen einfachen Werkstättenstil nach Art der Schwedenmöbel aus, 61 % bekannten sich zur gängigen Möbelkonfektion der Kaufhäuser mit Hochglanzpolitur und nur 2 % wollten in dunkel gehaltenen Wohnräumen mit antiken Stilmöbeln zu Hause sein.

Bekenntnis zur hochglanzpolierten Möbelkonfektion

Entsprechend orientierte sich der Möbelmarkt. 1950, als die Moral der Möbelmesseveranstalter noch nicht ganz dem Publikumsgeschmack ergeben war, geschah das heute Undenkbare: Man ließ die Kölner Möbelmesse für 1951 ausfallen, um genügend Zeit zum Nachdenken zu geben. Dennoch wurde die Veranstaltung 1952 zu einem stilistischen Debakel, denn der Kundenwunsch wurde zum König erhoben und Experimente wie in Amerika, Italien und Skandinavien fanden wenig Zuspruch.

Bankrott-erklärung des guten Geschmacks

»Wie vor 2 Jahren beherrschten wieder Wulstmöbel, das ›Barock der Armen‹, das Gesamtbild der Messe. Ja, man hatte den Eindruck, als ob die Möbelindustrie der Großmannssucht und dem Geltungsbedürfnis einer großen Verbraucherschicht bezüglich ›äußerer Aufmachung‹ noch mehr entgegenkommt. Die an sich so nützliche Sperrholztechnik wird weiterhin schwer mißbraucht für bauchige Formen. Vorderwände und Profile werden noch mehr mit schreienden Furnieren überzogen, hochglanzpoliert und – ganz neu – mit blinkenden Metallstreifen eingefaßt, von den auffällig bemalten und geätzten Glasschiebetüren ganz abgesehen. Die Schlüssel, deren kümmerlicher Bart auf ein minderwertiges Schloß hinweist, haben eine breit gestanzte Rosettenverzierung erhalten. Man könnte sagen: Schlimmer geht's nimmer!« Diese Kritik aus einer namhaften Architektur-Zeitschrift kommt einer Bankrotterklärung des guten Geschmacks gleich.

Weltgeltung wie die italienischen, skandinavischen und einige amerikanische Möbel hatte man weder erstrebt noch erreicht. Vielmehr scheint es, wenn man moderne deutsche Produkte dieser Zeit betrachtet, daß ein ausländisches Vorbild nur abgewandelt wurde. So orientiert sich die Firma Walter Knoll aus dem schwäbischen Herrenburg an den Produkten der eigenen Verwandtschaft in Amerika, Egon

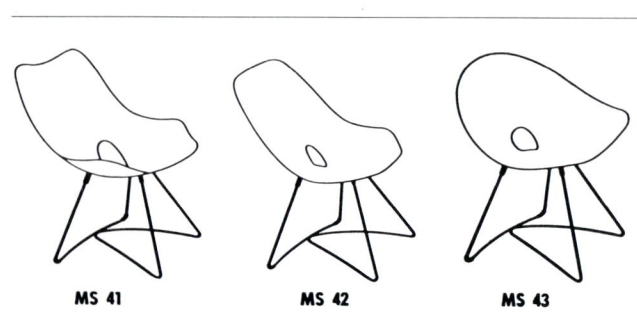

MS 41   **MS 42**   **MS 43**

Als »Elastische Mauser-Muschel« stellte die nordhessische Firma Mauser ihre neuen, zum Teil freischwingenden Schalensitze vor. Schalenformen sind typisch für Sitzmöbel der frühen 50er Jahre

Gepolsteter Stahlrohrstuhl mit
»Fifties Plastikbezug«
Hersteller: Drabert Söhne,
Minden i. W.

Eiermann, mit seinen Sperrholzstühlen an amerikanischen Vorbildern, während WK als »Neue Gemeinschaft für Wohnkultur« den Weg der »ehrlichen Moderne« sucht und das Prinzip eines soliden Werkstättenstils verfolgte.

Moderner Werkstättenstil

Anzeigen für Stahlrohrmöbel aus dem Programm der Mauser-Werke Waldeck, 1956

Die Arrangements sind der Versuch, Lebens- und Bürostil zeitgemäß zu propagieren

Modern hieß hier in Deutschland höchstens
»vorbildliche schlichte Handwerksarbeit«. Ge-
fragt war in erster Linie das Repräsentative, so
daß eine avantgardistische Möbelproduktion
den Italienern und Amerikanern überlassen
blieb. Dennoch fehlen nicht die Versuche, wit-
zige, leichte und dem Zeitgeschmack entspre-
chende Möbel zu kreieren, wie das Beispiel der
MAUSER AG. aus Waldeck bei Kassel beweist.
Da aber alle bedeutenden Möbelentwerfer
vom Zuschnitt eines Mies van der Rohe, Marcel Breuer oder Gropius in den frühen dreißiger Jahren in das westliche Ausland emigrieren
mußten, fehlte dem deutschen Möbel nach
dem Dritten Reich jeder Anschluß an einen internationalen Maßstab. Es blieb wie vieles provinziell.

Die Moderne
bleibt alles
in allem
provinziell

Typisches 50er-Jahre-Treppenhaus mit Wandmalereien in Pastellfarben

Farben und Muster sollten das Wohlbefinden auch in Wohnräumen steigern

Fifties-Hausbar aus Peddigrohr mit schwarz lackierter Platte

Anleihen bei den modernen Bildhauern:
Obwohl die moderne Kunst in den 50er Jahren auf Ausstellungen
mit viel Skepsis beäugt wurde, fanden von ihr inspirierte,
angewandte Formen als moderner Lebensstil Eingang in die
Haushalte. Blumentisch aus farbigem Resopal, Mitte der 50er Jahre

Ein modernes Material,
modern gestaltet

auch in hellen Farben
unveränderlich frisch

das was Sie suchen

Acella

Siegeszug der farbigen Plastikfolie Plastik als Vorhangbahnen, Möbelbezugsstoff oder Wandbespannung machte das Wohnen in den 50er Jahren billig, farbig und »zeitgemäß«

Anzeige des Folienherstellers Acella von 1955

Die Möbelfabrik Walter Knoll & Co. aus dem württembergischen Herrenberg bemühte sich in ihren Kollektionen um die »gute Form«.
Wie erfolgreich sich in den 50er Jahren »gute Form« verkaufen ließ, wußten die Schwaben von ihren Verwandten, die als Knoll International von Amerika aus einen schwunghaften Handel mit gutem Design betrieben

Die
gute
Form

VOSTRA

mit
bewährter
Eisengarngurtung

Walter Knoll & Co. Herrenberg Württ. / Verkauf durch den Fachhandel

VOSTRA

dem Körper
gerecht
und vollendet
in der Form

Skandinavische Form für den amerikanischen Markt:
Möbelkollektion des Dänen Finn Juhl für
Baker Furniture USA

Solides Handwerk in kultivierter Formgebung zeichnete
in den 50er Jahren den skandinavischen Stil aus

Skandinavien:
Die Teakholz-Welle rollt

Neben den USA mit ihrer technologischen
Eleganz und Italien mit seinem hemmungslo-
sen Modernismus hatte die skandinavische
Möbelproduktion mit einer anderen Zielset-
zung Erfolg:
Materialtreue, Ausgewogenheit, Werkgerech-
tigkeit – das war das Motto der skandinavischen Möbelbauer. Mit dieser weichen modernen Linie, die niemals den Boden wirklicher
Qualität verließ, sie sogar als Merkmal offen
zur Schau trug, begann die skandinavische
Möbelindustrie schon vor dem Zweiten Weltkrieg die Aufmerksamkeit auf sich zu lenken.
Jedoch erst nach 1945 schien die Zeit für den
beispiellosen internationalen Höhenflug dieses
Wohnstils gekommen.

Ein solider
Werkstättenstil
erobert den
Weltmarkt

Die Möbelproduktion aller skandinavischen
Länder basiert trotz auffälliger Mentalitäts-
und Formunterschiede auf der Überzeugung,
daß die gute Form sich aus der handwerklichen
Verarbeitung und den Möglichkeiten des Ma-

terials ergibt. Und hier stand das Holz an erster Stelle. Wie die Skandinavier ihr Holz verarbeiteten, gefiel denen, die keine Extravaganzen, sondern solide gebaute, zeigemäße Formen schätzten.

»Denkt man an unsere Eilfertigkeit, immerfort neues auf neues zu häufen, so möchte man sagen, diese dänischen Erzeugnisse haben jenes ›Anständige‹, das Theodor Heuss vor einigen Jahren als den Inbegriff von Qualität bezeichnete«, so urteilte man 1953 über eine Ausstellung dänischer Möbelerzeugnisse in München.

Das »Anständige« als Inbegriff von Qualität

Die Dänen hatten nach dem Zweiten Weltkrieg ihren eigenen Stil voll entwickelt und waren zu Meistern in der Verarbeitung schwerer Hölzer wie Eiche und Teak geworden. In geschliffenen modernen Formen ließen sie das Holz mit seiner naturgewachsenen Maserung für sich selbst sprechen. Lebhafte Bezugsstoffe wie in Amerika, Italien und Deutschland traten zugunsten natürlicher Geflechte, gedeckter unifarbener Textilien zurück.

Dänemark Erben des Handwerks

Das maßvoll abgezirkelte und aus dem Kontrast natürlicher Materialien lebende dänische Interieur der fünfziger Jahre grenzt in vielen Fällen schon an fernöstliche Wohnphilosophien. Wie Japan konnte auch Dänemark sein traditionelles handwerkliches Erbe in der modernen Möbelproduktion wieder aufleben lassen.

Der Prototyp dieser Vereinigung von Handwerkstreue und moderner Gesinnung ist der 1949 entstandene Holzstuhl mit Geflecht von HANS WEGNER, der schlicht und nicht ohne Stolz als *»Der Stuhl«* zum Inbegriff und zur

Grundlage der neuen Möbel aus Dänemark wurde. Hans Wegner gilt als einer der großen unter den Stuhl-Designern, der unermüdlich an den Details schliff, bis sie ihre gültigen Formen fanden. Die am Prototyp erprobte Urform wurde später in Großserien von FRITZ HANSEN produziert und ein Welterfolg.

Noch weicher in der Formgebung, aber vom Milieu mondäner, sind zwei große Polstersessel, die ebenfalls wie »Der Stuhl« von Hans Wegner Möbelgeschichte machten: ARNE JACOBSENS schalenförmiger EGG CHAIR und SWAN CHAIR. Sie können als dänische Gegenstücke des von dem Amerikaner Charles Eames entwickelten LOUNGE CHAIRS

Klassiker der
Moderne

Sitzei von Arne Jacobsen, Kopenhagen 1958

Dieses plastische Stuhlmodell entstand nicht am Zeichenbrett, sondern als Gipsmodell

*Formschön und leicht:
Die zusammenschiebbaren Satztische in
Nierenform entwarf der dänische
Architekt Arne Jacobsen*

**Mondäne
Sitzschalen
nach
Gipsmodellen**

angesehen werden. Wie bei Eames' Stuhl hat
Jacobsen die Sitzschalen auf ein drehbares
Aluminiumgestell montiert, so daß der Ge-
samteindruck einer auf ein Stativ montierten
Skulptur entsteht. Um Skulpturen – zumindest um Ableitungen aus dem geschliffenen
Stil einiger zeitgenössischer Bildwerke – handelt es sich schon deshalb, weil der dänische
Architekt die Form im Gipsmodell gefunden
hat und nie, wie er selbst bekennt, in der Lage
gewesen wäre, eine dieser Formen zeichne-
risch darzustellen.

*Väter des skandinavischen Designs:
Hans J. Wegner und Arne Jacobsen*

Diese formschönen ausgewogenen lederbezo-
genen Sitzskulpturen von 1958 werden zu den
Klassikern des modernen Möbeldesigns zählen. Sammlerstücke sind sie aber deshalb noch
nicht, weil sie immer noch gebaut werden.
Den Umgang mit dem *»frei geformten Modernismus«* zeigt Arne Jacobsen, der auch Stoffe und
Silber entworfen hat, in der Entwicklung eines

stapelbaren Gebrauchsstuhls aus gepreßtem Sperrholz. Weil die aus einem Stück entwickelte Sitz- und Rückenfläche ähnliche Einschnürungen wie bei einem Ameisenkörper aufweist, bekam dieses Modell den Namen AMEISENSTUHL. Im Gegensatz zu seinen amerikanischen Vorläufern aus der Hand von Charles Eames weist der dänische Entwurf wesensmäßige Züge auf, die, wie die Plastiken von Jean Arp, lebensnahe Assoziationen zulassen.

Neben Wegner und Jacobsen ist der Däne FINN JUHL der dritte Designer, der das dänische Möbel der fünfziger Jahre um eine unverwechselbare eigenständige Nuance bereichert hat.

Finn Juhl – ein Bildhauer formt Möbel

Seit den dreißiger Jahren konzipierte er – als Bildhauer – Möbel. In den fünfziger Jahren verhilft ihm sein weicher ausdrucksstarker Stil, in *die Weltklasse des Designs* aufzusteigen. Mit Finn Juhl erfährt die Teakholzkultur eine neue Ausprägung: Üppige Linienführung, die oftmals an den Jugendstil erinnert, gepaart mit »modernen« Polsterformen machen seine Möbel zu expressiven Skulpturen. Besonders in den USA fand diese mondäne Linie großen Anklang. Seine Möbel zählen nicht zum spröden Handwerk, sondern sind einladend attraktiv und in der Atmosphäre ausgesprochen modisch.

Die Abkehr vom rein funktionalen Konzept der Vorkriegszeit hat die skandinavischen Möbel den Weltmarkt erobern lassen. Die Weichheit der Linien, die handwerkliche Genauigkeit bestimmten einen neuen Standard – der skandinavische Beitrag zum Erscheinungsbild der fünfziger Jahre.

Erfolg mit weichen Linien

»Modern« waren skandinavische Möbel zwar
schon in den dreißiger Jahren, damals nur wesentlich extremer und avantgardistischer, dem
Zeitgeist des deutschen Bauhauses eng verbunden. In Verbindung mit aparten Dekora-
tionsstoffen und gediegenem Kunstgewerbe
fanden die skandinavischen Teakholzmöbel als
Inbegriff für modernen Wohnkomfort erst in
den fünfziger Jahren Eingang ins Bewußtsein.

Schwedische Liege von Bruno Mathsson. Das verleimte Schichtholzverfahren ermöglichte ein elegantes und körpergerechtes Formenspiel

Aus den bereits in den dreißiger Jahren er-
folgten skandinavischen Versuchen, Möbelformen durch verleimte Schichtholzleisten zu
erzeugen, entwickelte der Schwede BRUNO
MATHSSON seinen gemütlich geschwungenen Möbelstil: formenreich, nicht schwer,
im Aussehen sogar spielerisch leicht. Dieser humanisierte Rationalismus gab sich organisch und natürlich. Er fand großen Anklang beim Publikum. MATHSSON-STÜHLE

mit ihren charakteristischen arabeskenartigen Holzschwüngen sind heute noch im Produktionsprogramm der gleichnamigen schwedischen Firma enthalten.

Aus Schweden kam noch eine andere Erfindung, die zum Standard-Repertoire des modernen, praktisch, preisgünstig und pflegeleicht eingerichteten neuen Heimstils wurde: STRING-DESIGN.

String-Design aus Schweden

Ursprünglich hatte das Stockholmer Architekten-Ehepaar KARIN und NILS STRINNING Körbe aus Aluminiumdraht zum Abtropfen von Geschirr entwickelt. Später erhielt dieser Draht einen weißen Plastiküberzug, und aus der praktischen Küchenidee wurde ein Wohnsystem: Anfang der fünfziger Jahre, als Anbausysteme im Wohnbereich aufkamen, entwickelten die Schweden gitterförmige Wandträger, in die beliebig viele Bretter oder Schubladen eingehängt werden konnten.

Ob das Material den Entwerfer leitet oder der Entwerfer das Material beherrscht, wird bei finnischen Entwürfen eine unentschiedene Frage bleiben. Ebenso, und das macht Finnlands Entwürfe so attraktiv, halten sich Zweck, Bestimmung und freie Kunstform die Waage. Solche Harmonie gelang zum Beispiel dem temperamentvollen Entwerfer TAPIO WIRKKALA. Modernität und archaische Kraft kennzeichnen seine Holzarbeiten. So wie er große Wandplastiken aus schichtweise verleimtem und verschliffenem Holz erfand, stellte er 1954 eine Kollektion niedriger Tische in Mailand vor, die wie benutzbare moderne Skulpturen gestaltet waren. Bei diesen Möbeln spielten das Holz und seine Maserungen die wichtigste Rolle.

Finnland: Die archaische Moderne

Die 50er Jahre versuchten durch farbige Möbel kräftige Akzente zu setzen.

Sperrholzstühle mit farbig lackierten Sitzflächen und Rückenlehnen (dänisch oder französisch)

Hans J. Wegner:
Komfortsessel aus Metallrohr und Plastikschnüren, Mitte der 50er Jahre

Arne Jacobsen:
Sesselmodell »Der Schwan«,
Kopenhagen 1958

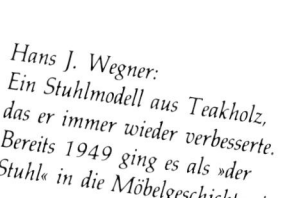

Hans J. Wegner:
Ein Stuhlmodell aus Teakholz,
das er immer wieder verbesserte.
Bereits 1949 ging es als »der
Stuhl« in die Möbelgeschichte ein.

Rudolf Rasmussen:
Dänischer
Stahlrohrstuhl,
1953

Verner Panton:
Sessel aus
verschweißtem
Draht, Ende der
50er Jahre, für
UNIKA,
Kopenhagen

Tapio Wirkkala wurde vor allem in Italien sehr geschätzt, denn seine unabhängige Gestaltungsart empfanden die für die TRIENNALE und den avantgardistischen Geschmack zuständigen Herren in Mailand als geistesverwandt. Medaillen und Sonderschauen in der ganzen Welt bestätigen den außergewöhnlichen Ruf des finnischen Designers.

Zur Perfektion entwickelte auch der finnische Architekt ALVAR AALTO die Schichtholztechnik. Er verstand es, Lagen von verleimtem Holz so zu verformen, daß sie sich verbanden, wie es vom harmonischen Verlauf und Zweck des Möbels vorgegeben wurde.

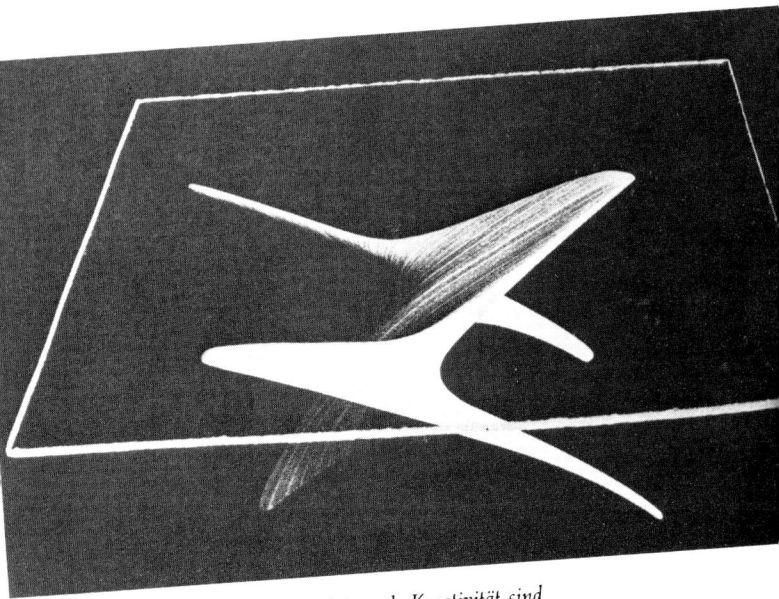

Materialtreue und formale Kreativität sind die Geheimnisse der finnischen Möbelkunst: Couchtisch von Tapio Wirkkala aus Glas und Holz, 1951

Ein weiterer einflußreicher finnischer Form-
geber hingegen arbeitete im Ausland: EERO
SAARINEN. Seit 1923 (mit dreizehn Jahren) in
den USA, schuf er die berühmte Schalensitz-
serie mit dem Trompetenfuß. Hier verbindet
sich finnische Gestaltungskraft mit amerikanischer Technologie: Der Fuß ist aus Aluminium
gegossen, die Schale aus Fiberglas.

Ein Tisch wird zum formvollendeten
Kunstwerk: Preisgekröntes Tischmodell von
Tapio Wirkkala aus Schichtholz, 1953

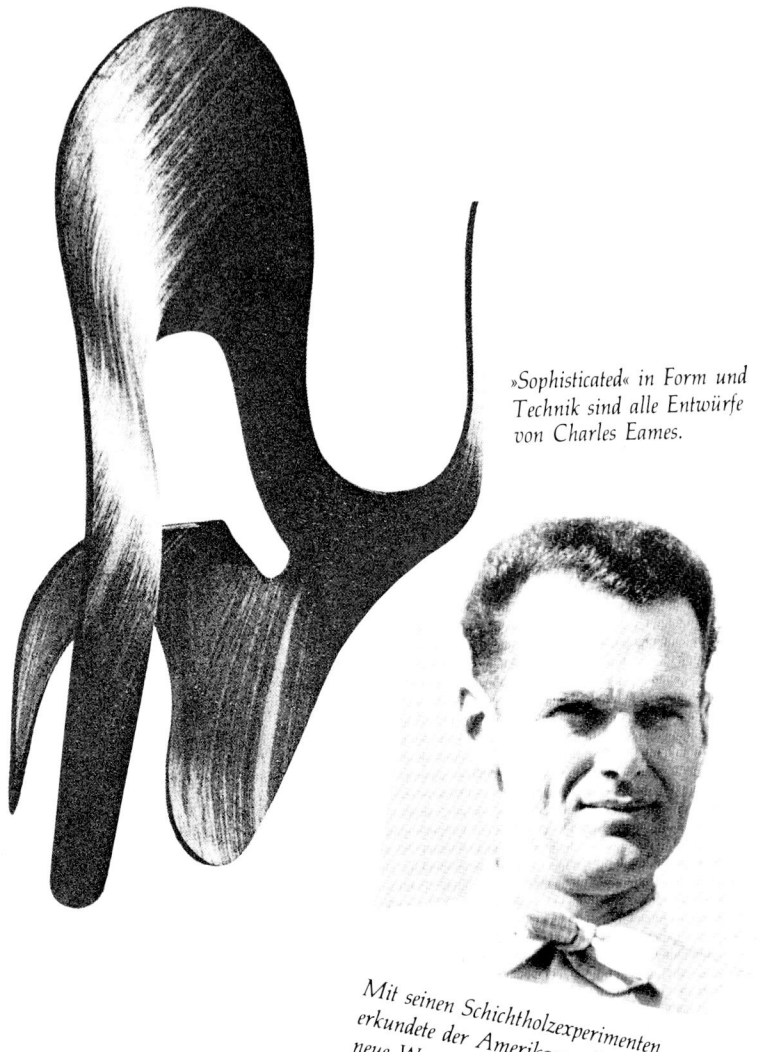

»Sophisticated« in Form und
Technik sind alle Entwürfe
von Charles Eames.

Mit seinen Schichtholzexperimenten
erkundete der Amerikaner Charles Eames
neue Wege für die Möbelproduktion der
50er Jahre

USA:
Charles Eames & Co.

Ein Apostel der neuen Form

Erste Veröffentlichungen in deutschen Bau-
und Wohnzeitschriften, schon wenige Jahre
nach der Währungsreform noch auf holzhalti-
gem gegilbten Papier mit blassen Schwarz-
weiß-Fotos, galten dem amerikanischen Designer CHARLES EAMES. Er wurde gerne
von denen zitiert, die selbst Neuerungssehn-
süchte im Herzen trugen, aber bereits resi-
gnierend befürchten mußten, daß vieles – so
gerade die Wohnkultur – wohl beim alten bleiben würde. Charles Eames wurde zum großen
Apostel des Neuen.
Er hatte bereits bewiesen, was man ohne Blick
zurück imstande war zu schaffen. Vor allem
mit seinen Möbelentwürfen konnte er Maß-
stäbe setzen, die bis heute verbindlich geblie-
ben sind.

Design:
Intelligent und
schön

Charles-Eames-Entwürfe sind intelligent, technologisch optimal, funktional und gleichzeitig
atmosphärisch schön, präzise und industriell
herzustellen. Er tüftelte unkonventionelle Lö-

sungen aus, die technologisch Neuerungen im Möbelbau bedeuten: Er verband gegensätzliche Materialien wie Holz und Metall durch Gummipuffer, ließ Sitzschalen in einem Arbeitsgang pressen, die das Volumen und gleichzeitig die Formanpassung von Polstermöbeln haben.

»Details sind bei meinen Möbeln nicht einfach Details – sie bestimmen das Produkt«, lehrte Eames auf seinen Kongressen und an Hochschulen. Also eine Art Rationalismus, wie er ein Jahrhundert früher von Michael Thonet vertreten wurde. Die Ergebnisse beider Erfinder sind von vergleichbarer Schönheit, Zweckmäßigkeit, Leichtigkeit und besonders günstig für die Herstellung in Großserien. Ein früher Thonet-Stuhl von 1850 und ein Eames-Modell von 1950 sind heute unübertroffen modern. So beweisen Thonet- und Eames-Stuhl, daß extrem angewandte Technologie jenseits aller Moden gültige Formen hervorbringen kann.

Kongeniale Meisterleistungen: Thonet und Eames

Charles Eames, 1907 in St. Louis/Missouri geboren, hatte in den dreißiger Jahren als Architekt wenig gebaut, jedoch viel experimentiert. 1940 gewinnt er, zusammen mit Eero Saarinen, den vom New Yorker Museum of Modern Art ausgeschriebenen *»Wettbewerb für organisches Möbeldesign.«* Im Zweiten Weltkrieg hat der erfindungsreiche Tüftler die Möglichkeit, in der Flugzeugindustrie sein Know-how in der Sperrholzverarbeitung auf den neuesten Stand zu bringen. Schichtholz versteht er bald wie Blech zu formen, was ihm als Möbelerfinder zugute kommt.

Ein Tüftler am Werk

Von 1944 datiert ist sein LEICHTBAUSTUHL aus zwei abgerundeten Sperrholzplatten, die mit sparsamsten Metallrohren zusammengehalten wurden. Er steht im Raum wie eine moderne Skulptur: stilsicher, praktisch und ästhetisch. Die runden Sperrholzteile könnten ebenso von einem Mobile des Landmanns ALEXANDER CALDER stammen, so frei sind sie in der Formgebung.

Charles Eames:
Lounge Chair aus
Schichtholz, 1956

Moderne Kunst zum Sitzen

Neben Sperrholzmöbeln bringt Eames in den späten vierziger Jahren seine aus Fiberglas geformte Sitzschale heraus, die inzwischen über dreimillionenfach aufgelegt wurde. Ein Einzelstück jedoch blieb das originellste Möbel dieser Gattung, das noch stärker als alle anderen Impulse der modernen Plastik wiederspiegelt. Eine asymmetrische Schale, die aussieht wie der Abdruck einer Henry-Moore-Plastik. Dort, wo die Masse optisch am größten ist, hat Eames ein Loch modelliert, das wie bei den Moore-Plastiken Masse und Raum aktiviert. Dieses asymmetrische Recamier, das man auch, je nach Sitzwinkel, als Sessel benützen kann, ist heute das Glanzstück in der Prototypensammlung des New Yorker Museum of Modern Art. Ein Stück moderne Kunst mit minimalen Mitteln.

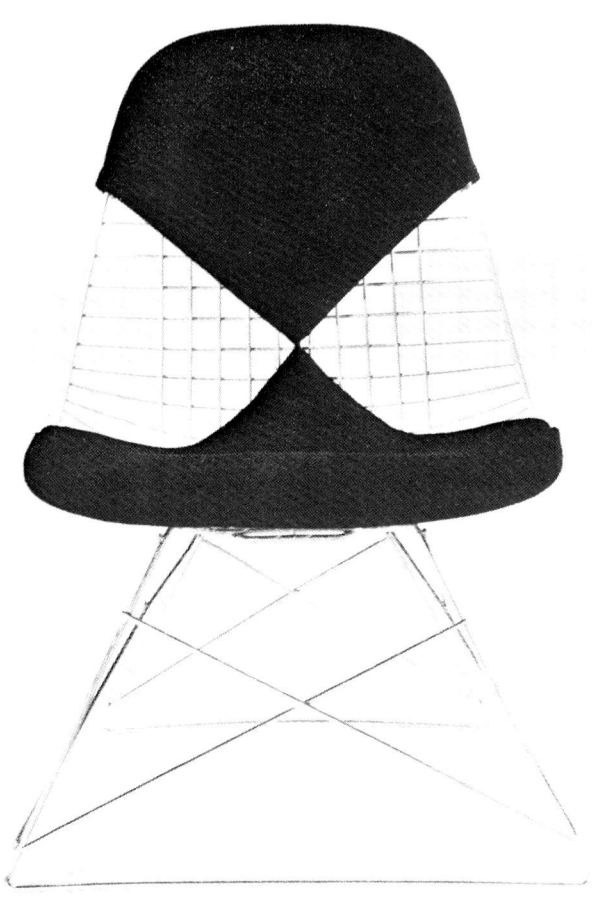

Der bedeutendste Möbelentwerfer der 50er Jahre
prägte den Grundsatz:

Details sind nicht nur Details –
Sie bestimmen das Produkt!

Oben: Eleganter Couchtisch im
Westcoast-Stil

Links: Stuhl aus verschweißtem Draht
mit dem für die 50er Jahre modischen
Schalensitz

Alle Eames-Entwürfe, die in Serie
gingen, wurden von Herman Miller
produziert

Rechts: Paravent als »Sperrholzwelle«

Wohl eines der gesuchtesten Möbelstücke der fünfziger Jahre wäre der LOUNGE CHAIR von 1956, wäre er nicht bis heute eines seiner erfolgreichsten Produkte. Der eleganteste unter den »Sitzmaschinen« der Neuzeit wird von der Möbelfirma Herman Miller seit Mitte der fünfziger Jahre als Modellnummer 670 unverändert hergestellt. Ursprünglich sollte dieses Unikum ein Unikat bleiben, wie viele andere Experimente und Varianten im Dienste der Erprobung des neuen Sitzkomforts auch.

Den Prototyp zu dem LOUNGE CHAIR AND OTTOMAN, wie diese Sitzgruppe bezeichnet ist, hatte Charles Eames für seinen Freund Billy Wilder zum fünfzigsten Geburtstag fabriziert. Sein Vertragsproduzent Miller soll ihm die Reproduktionsrechte des Geburtstagsgeschenks für den großen Filmregisseur buchstäblich abgerungen haben.

Mit HERMAN MILLER, der 1931 in Michigan gegründeten Möbelfirma, arbeitete Eames seit 1947 eng zusammen. Chefdesigner GEORGE NELSON, selbst einer der Besten in seinem Fach, hatte Eames zu Miller gebracht. Wenn es um Körpergerechtigkeit, Funktionalität, Technologie und Prestige geht, basiert der weltweite Rang dieser Firma auf den wenigen, aber unübertroffen vollkommenen Möbelentwürfen von Charles Eames.

Außer dem 1966 entwickelten SOFT PAD SYSTEM sind die meisten Formen und Modelle in den vierziger und fünfziger Jahren entstanden. Sie gehören zur Gruppe der Fünfziger-Jahre-Möbel, die nie wegen ihres Stils in Verruf geraten sind. Wie Thonet-Stühle genießen sie großen Respekt, weil sie vollkommen den inneren Notwendigkeiten folgen.

Nr. 670: Die eleganteste unter den »Sitzmaschinen«

Kennzeichen des 50er-Jahre-Stils ist die organisch geschwungene Linie: Hier deutlich im Kunststoffstuhl von Charles Eames und der französischen Stehlampe

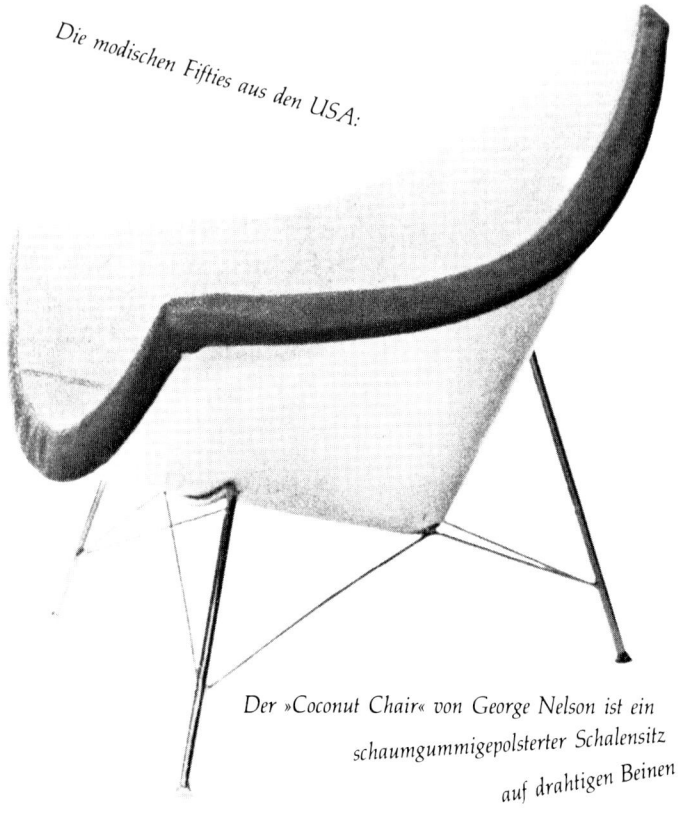

Die modischen Fifties aus den USA:

Der »Coconut Chair« von George Nelson ist ein schaumgummigepolsterter Schalensitz auf drahtigen Beinen

Modischer, aber nicht weniger interessant ist die Handschrift George Nelsons, der Eames zu dem gemacht hat, was er heute dar- **Ironisches** stellt. Seine Modelle sind seltener und haben **Design** daher die Chance, bei der Wiederentdeckung der fünfziger Jahre zur Spitzenklasse – auch im Preis – vorzustoßen. Nelson geht mehr von Formen aus, die konkret etwas aussagen. Ein vergrößerter Sektor aus einer Kokosnußschale wird zur Form eines Sessels und so zum berühmten COCONUT CHAIR, eine Ansamm-

lung weicher, runder, kissenhafter Formen auf
ein Metallgestell montiert zum originellen
MARSHMELLOW CHAIR. Formaler Reiz
und ironisch inhaltlicher Bezug lassen diese
Sitzmöbel zu zwei typischen Accessoires des
Fünfziger-Jahre-Stils werden. Das Ironisch-
Heiter-Moderne siegt hier über das Intelligent-
Moderne.

Ein seltener Klassiker:
Der »Marsh Mellow«-Sessel von George Nelson für Herman Miller

Künstlerisch modern waren die Produkte des Bildhauers HARRY BERTOIA. In einer Zeit, als man gerade damit begann, in den Supermärkten Körbe auf Räder zu montieren und ihnen durch schräg zulaufende Flächen Dynamik auf dem Weg ins Waren-Paradies mitgab, propagierte der aus Italien stammende Harry Bertoia dynamische Sitzmuscheln aus »Chicken Wire« – Hühnerdraht. Jene Sitzkorbidee wurde von Knoll – einem der größten und einflußreichsten Produzenten in der amerikanischen Möbelbranche – sofort ins Programm aufgenommen. Die Welt war begeistert. »*Wenn Du sie Dir ansiehst, wirst Du finden, daß sie hauptsächlich aus Luft gemacht sind, wie Skulpturen. Der ganze Raum scheint durch sie hindurchzuströmen*«, so erklärte Harry Bertoia seine Idee zu den Gitterstühlen.

Neue Sitzkultur: Sitzmuscheln aus »Hühnerdraht«

»Jetzt auch in Deutschland erhältlich« – Reklame von Knoll International, Deutschland 1956

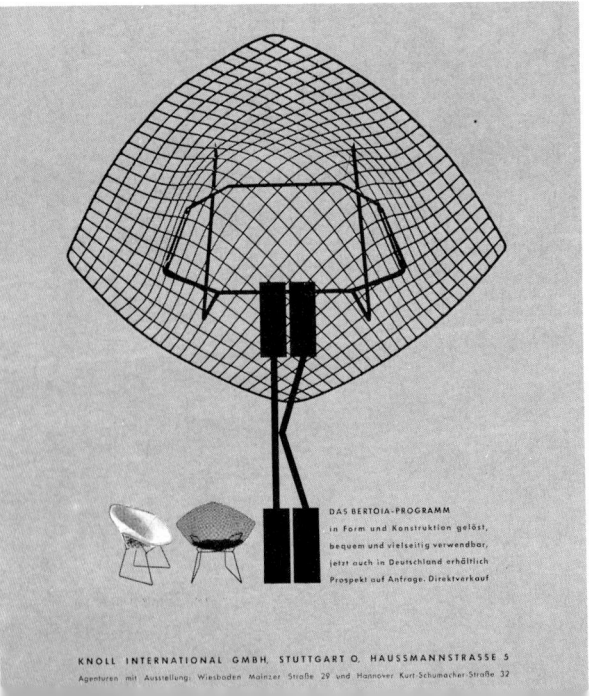

DAS BERTOIA-PROGRAMM
in Form und Konstruktion gelöst,
bequem und vielseitig verwendbar,
jetzt auch in Deutschland erhältlich
Prospekt auf Anfrage. Direktverkauf

KNOLL INTERNATIONAL GMBH, STUTTGART O, HAUSSMANNSTRASSE 5
Agenturen mit Ausstellung: Wiesbaden Mainzer Straße 29 und Hannover Kurt-Schumacher-Straße 32

Auf dem Raum-Gitter-Prinzip basieren auch
Bertoias Bronze-Bildwerke. Für die Manufac-
turers Trust Company in New York, für die die
Modearchitekten Skidmore, Owings und Mer-
rill in der New Yorker Fifth Avenue einen gro-
ßen Glaskasten erbauten, schuf Bertoia eine
Wandkonstruktion aus lebhaft versetzten
Bronzeplatten. Das zwanzig Meter große
Kunstwerk belebt den sterilen Raum und ist,

Sessel und
Skulpturen von
Harry Bertoia.
Er war ein
Meister des
»luftigen
Raumgitters« aus
Metall

wie die runden Tresore, zum ersten Mal in der
Bankenarchitektur von der Straße her als
Blickfang konzipiert. Als amerikanischen Beitrag zur Weltausstellung in Brüssel 1958 schuf
er für den Dulles Airport seines Freundes Saarinen den »goldenen Baum«, eine repräsentative Skulptur.

 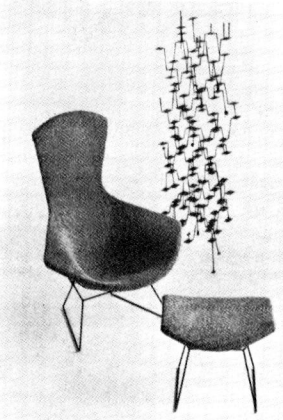

Das Image seiner Kunst in Verbindung mit
seinen modern geformten Stühlen verwendete
Knoll International für die Werbung, für die
der Schweizer Graphiker HERBERT MAT-
TER verantwortlich war. Moderne Kunst und
moderner Wohnstil werteten sich gegenseitig
auf.

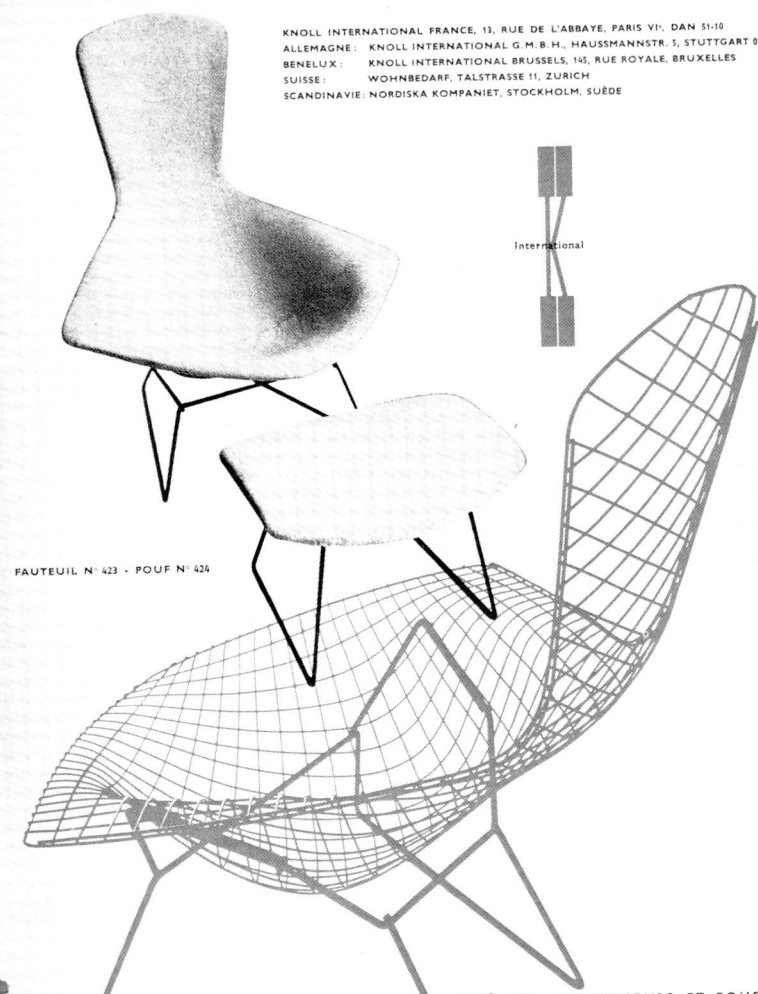

KNOLL INTERNATIONAL FRANCE, 13, RUE DE L'ABBAYE, PARIS VI⁺, DAN 51-10
ALLEMAGNE : KNOLL INTERNATIONAL G.M.B.H., HAUSSMANNSTR. 5, STUTTGART 0
BENELUX : KNOLL INTERNATIONAL BRUSSELS, 145, RUE ROYALE, BRUXELLES
SUISSE : WOHNBEDARF, TALSTRASSE 11, ZURICH
SCANDINAVIE: NORDISKA KOMPANIET, STOCKHOLM, SUÈDE

International

FAUTEUIL N° 423 - POUF N° 424

HARRY BERTOÏA: GRAND FAUTEUIL DE REPOS MONTÉ SUR AMORTISSEURS ET POUF

HERMAN MILLER und KNOLL ASS. (später Knoll International mit über dreißig Niederlassungen in aller Welt) verhalfen dem amerikanischen Möbel- und Raumdesign auf den 1. Platz in der Weltrangliste. Weder Frankreich noch Italien, schon gar nicht Deutschland haben in den späten vierziger und frühen fünfziger Jahren Modelle entwickelt, die so fundamental neu, eigenständig und gleichzeitig funktional waren, daß sie bis heute auf dem Möbelmarkt verkauft werden können. Vergleichbares kann man nur zwanzig Jahre früher zu Bauhaus-Entwürfen sagen, die unter anderem von Hans Knoll in den dreißiger Jahren – und erst wieder ab 1955 von Knoll International – ediert wurden.

Knoll und die Moderne

Seitdem Möbel nicht mehr von Handwerkern gefertigt wurden, haben Architekten und auf die Bedürfnisse industrieller Produktion trainierte Designer die Möbelform bestimmt. Eine Revolution im Möbelbau stellen Eero Saarinens PEDESTAL FURNITURE dar, die Knoll International 1958 auf den Markt brachte. Indem der aus Finnland stammende amerikanische Architekt EERO SAARINEN Tisch und Stuhl jeweils auf einen trompetenförmig modellierten Mittelfuß setzte, nahm er einen wohltuenden Kahlschlag im Unterholz der Stuhlbeine vor.

Wohltuender Kahlschlag im Unterholz der Stuhlbeine

Die ausgewogenen Sitzschalen auf dem glatten einfachen Fuß können als Musterbeispiele »guter Form« gelten. Den Architekten störte lediglich, daß die aus einem Guß hergestellte Form noch aus zwei verschiedenen Materialien zusammengesetzt war: für den Fuß Aluminium, für die Sitzschale Kunststoff. Trotzdem Fuß und Sitzschale durch eine weiße Beschichtung optisch eine Einheit bildeten, wider-

Formen aus Kunststoff

Als »wohltuenden Kahlschlag im Unterholz der Stuhlbeine« wurde Saarinens Kunststoffstuhl mit dem trompetenförmigen Aluminiumfuß gefeiert.

Der finnisch-amerikanische Meister bedauerte lediglich, daß er 1955 das Modell noch nicht aus einem Guß herstellen lassen konnte

strebte es dem Materialbewußten, und er sehnte den Moment herbei, daß die Kunststoffindustrie soweit käme, seine Kunststoffmöbel aus einem Guß herzustellen, »wie ich sie entworfen habe«.

Obwohl Le Corbusier und Mies van der Rohe aus ihrer konstruktivistischen kubistischen Sicht hervorragende Möbel konzipierten, erschien Saarinen die Schale als das geeignete Mittel, bildnerische und skulpturale Form zu sein. 1938 hatte Saarinen mit Möbelentwürfen bereits »theoretischen« Erfolg: Zusammen mit CHARLES EAMES war er der Preisträger im

Verjüngungskur für den »Großvatersessel«: der für Knoll International vom finnisch-amerikanischen Architekten Eero Saarinen entworfene schalenförmige »Womb Chair«

»Wettbewerb für organische Möbel«, den das Museum of Modern Art in New York ausgeschrieben hatte.

1948 entwickelte er für Knoll den WOMB CHAIR – einen bequemen Polstersessel, der mit seinen üppigen Formen zum »relaxen« geradezu einlud. Wie bei seinen dynamischen Flughafengebäuden aus schwingenden Betonschalen, die Fliegen und Schweben oder zumindest eine subjektive Erwartungshaltung suggerierten, war der WOMB CHAIR schon beim Anblick eine Einladung zum Entspannen. *»Ein Stuhl sollte nicht nur gut aussehen, sondern auch gleichzeitig ein skulpturales Element im Wohnraum sein, wenn sich niemand darin aufhält. Vielmehr sollte er zu einem anregenden Hintergrund werden, wenn er benutzt wird – vornehmlich von einer Frau!«*

Die Möbelserie von 1958 mit den monumenta-
len Pedestalen lassen diesen subjektiven, für die
Fifties typisch affektiven Wert vermissen. Sie
sind perfekt gestylte »coole« Industrieproduk-
te – Ausdruck der sich gegen ihr Ende zu bereits wandelnden fünfziger Jahre und bereits
zukunftsweisend für das Formideal der sechziger Jahre.

Reklame als Kunstwerk:
Anzeige vom Schweizer Graphiker Herbert Matter für
ein neues Schalensitzprogramm von Knoll International
nach Entwürfen von Saarinen

Kesse Sitzidee:
Wie Spinnweben sind Gummischnüre in die leichten Rohrgestelle
gespannt. Frankreich, Anfang der 50er Jahre

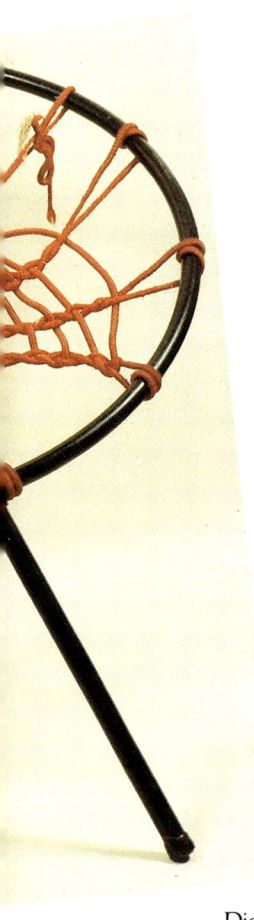

Frankreich:
Die Fifties auf französisch

Selbst wenn der französische Fünfziger-Jahre-Stil längst nicht so beflügelt modern war und so temperamentvoll die Zukunft stürmen wollte, wie das einige Italiener versucht haben, profitiert die gemäßigte französische Produktion von einem Vorteil: Es gibt sie noch!

Die konservativen Franzosen hatten noch nicht alles ihrer Fünfziger-Jahre-Produktion – wie Deutsche und Italiener – auf den Sperrmüll gebracht. Als die Fifties in den letzten Jahren neue Interessenten fanden, war in Frankreich noch nichts zu spät: Ausgediente Stücke fanden den schnell neue Liebhaber oder wurden an Ort und Stelle bereits renoviert.

Fifties-Revival

So ist Paris heute eines der großen Fifties-Zentren geworden – obwohl vor dreißig Jahren längst nicht soviel los war wie beispielsweise in Mailand. Bistros haben nach wie vor geschwungene Decken, deren Kurven himbeerfarben, creme oder seegrün gestrichen sind und von Neonröhren schwungvoll nachgezeichnet werden. Neonröhren, mit Mosaiksteinen besetzte Bartresen, flache Tische auf schwarzlackierten Metallbeinen, farbige Wandfresken wurden hier noch rechtzeitig vor ihrem Untergang von der aktuellen neuen Mode wieder eingeholt. Was an Substanz bereits verloren schien, wurde durch einen kräftigen *Neo*-Fifties-Stil effektvoll ergänzt.

Die Fifties in Frankreich hatten keinen Wiederaufbau zu besorgen. Kulturell gab es nach der Befreiung keine Stunde Null. Wer emigriert war, kam zurück, und wer es sich leisten konnte, wollte sich nach den Jahren der Entbehrung in Paris amüsieren. Die Malerei versuchte als ECOLE DE PARIS den Ruf gegenüber den inzwischen erstarkten Amerikanern als Nummer Eins zu wahren, Jean-Paul Sartre und Albert Camus beeinflußten mit ihrer Existenzialphilosophie eine ganze Generation, Juliette Greco brachte Zauber und Poesie in das Leben von Saint Germain, der Wahl-Pariser Ionesco feierte mit seinem Theater des Absurden weltweit Triumphe. Jazz und die neuen französischen Filme, die keinen falschen Illusionen nachgingen, interessierten die jungen Franzosen mehr als die Ideologie eines epochemachenden Designs.

Paris in den fünfziger Jahren

Gemessen am Erfolg der in Paris kreierten Mode mit klangvollem Namen wie DIOR, BALMAIN, GIVENCHY, PATOU, BALENCIAGA zeigten die französischen Möbeldesigner eine weniger glückliche Hand. Sie konnten in den Fünfzigern bei weitem nicht mehr

Dreifach verstellbarer Sessel von Jean-Claude Mazet, Frankreich, 1954

Nachfolgende Seite:
Sessel und Nierentisch von Jean Royère, Wandappliquen von George Jouve,
Stehlampe in Pyramidenform von Kenye Roscko, USA

ihren Rang halten, den sie in der Art-Déco-Periode für Frankreich eingenommen hatten. Namen wie Réné Herbst, Jacques Adnet, Louis Sognot und Dupré-Laffon – in den dreißiger Jahren noch geniale Neuerer und Vertreter einer radikal modernistischen Linie – waren zwar noch produktiv, aber längst nicht mehr führend. Was sie in den dreißiger Jahren waren, sind inzwischen die jungen Amerikaner geworden. Nicht von ungefähr kamen sie (Nogushi, Eames und Bertoia) via Knoll International nach Paris.

Paris gibt die Führungsrolle an Amerika ab

Da die Franzosen längst nicht so konsequent wie in Amerika, Italien und Schweden auf die Serienfertigung gesetzt hatten, gibt es in Frankreich noch viele individuelle Möbel, die auch im Material teuer und anspruchsvoll ausgeführt wurden.

Ein Beispiel hierfür ist der auf Seite 91 abgebildete Salon von ARBUS. Die Untergestelle zu den metallverstärkten Sitzschalen sind massiv aus Bronze gegossen und daher so schwer, daß man die Möbel kaum von der Stelle rücken kann. In der schweren Verarbeitungsweise, der mondänen Form und dem traditionellen Motiv des Sofas, wo sich zwei Leute gegenüber sitzen können, tendiert dieser um 1950 entstandene Salon mehr zum bürgerlichen Art Déco als zur Neuen Welle der Fünfziger-Jahre-Möbel, die praktisch, leicht und billig sein sollten.

Fifties für die Bourgoisie: Arbus und Royère

Hauptexponent des teuren und individuellen französischen Fünfziger-Jahre-Stils war JEAN ROYÈRE. Er träumte die französische Möbelgeschichte weiter, in der das Exklusive noch nicht vom Praktischen und Zeitgemäßen abgelöst worden war. Wie ein Couturier liefert

André Bloc:
Geniale
Form- und
Material-
experimente

Royère Einrichtungen als teure Unikate. Jede
Art der Serienfertigung würde dieser Ideologie
widersprechen.

Eine geniale Ausnahme stellen die Entwürfe
von ANDRÉ BLOC auf Seite 85, 89 dar.
André Bloc, der 1930 die heute noch bedeutende Architekturzeitschrift L'ARCHITECTURE
AUJOURD'HUI begründet hat, entwarf Anfang der fünfziger Jahre einige Sperrholzmö-
bel, die in Großserien aufgelegt werden sollten.
Sie waren in der Konzeption so revolutionär
wie Bauhaus-Entwürfe, jedoch wesentlich eleganter und dem Zeitgeschmack der fünfziger
Jahre entsprechend. Obwohl epochemachend,
sind die Möbelentwürfe heute nur noch aus
den damaligen Anzeigen in Architekturzeitschriften bekannt. Wahrscheinlich kam es nie
zu der ursprünglich vorgesehenen Massen-
produktion.

*Großer Schreibtisch mit angebautem
Bücherregal von Jean Royère,
Frankreich.*

*Französischer Barhocker im
Fifties-Stil.*

*Französischer Fifties-Stuhl in
eleganter Drahtausführung*

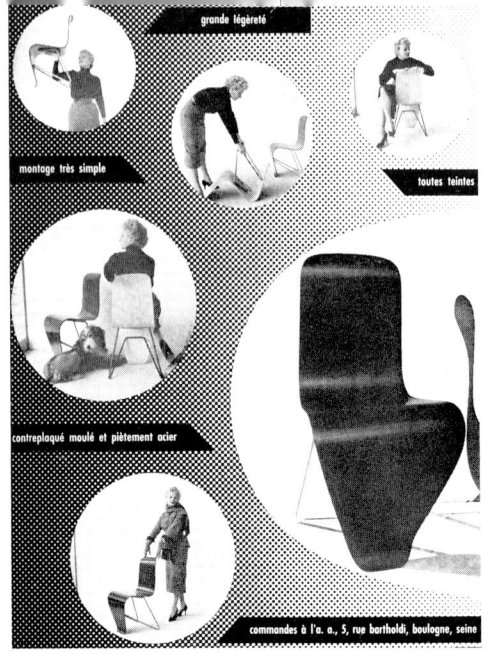

*Anzeige für
René Blocs
epochemachenden
Sperrholzstuhl aus
der französischen
Architektur-
zeitschrift
»L'Architecture
d'Aujourd'hui«*

Schreibtisch von Jean Prouvé, 1952

Lampe von Serge Mouillé

André Bloc arbeitete in den fünfziger Jahren hauptsächlich als Bildhauer. In den Katalogen, die seine zahlreichen Ausstellungen begleiten, sind diese Möbel, die uns heute so faszinieren, nicht einmal in seinem Werkverzeichnis erwähnt.

Schreibtisch von André Bloc:
Die Funktion ist in reine Form umgesetzt, die nichts Überflüssiges mehr hat.
André Bloc hat hauptsächlich als Bildhauer und Herausgeber der Zeitschrift
»L'Architecture d'Aujourd'hui« gearbeitet – seine Möbel zählen heute zu den
großen musealen Raritäten

Freunde einer kompromißlos modernen Linie konzentrieren sich in Frankreich auf Möbel von JEAN PROUVÉ, der sich als Architekt ganz dem rationellen Elementbau und als Möbeldesigner einer konsequenten industriellen Massenfabrikation zugewendet hatte – und das, obwohl sein Vater in Nancy einer der berühmtesten Vertreter des verspielten, ornamentreichen Jugendstils gewesen ist.

Spitzenqualität der 50er Jahre:
Vis-à-Vis-Sofa von Arbus, 1950
Glastisch von Nogushi, um 1950
Vase von Dino Martens,
Murano 1954

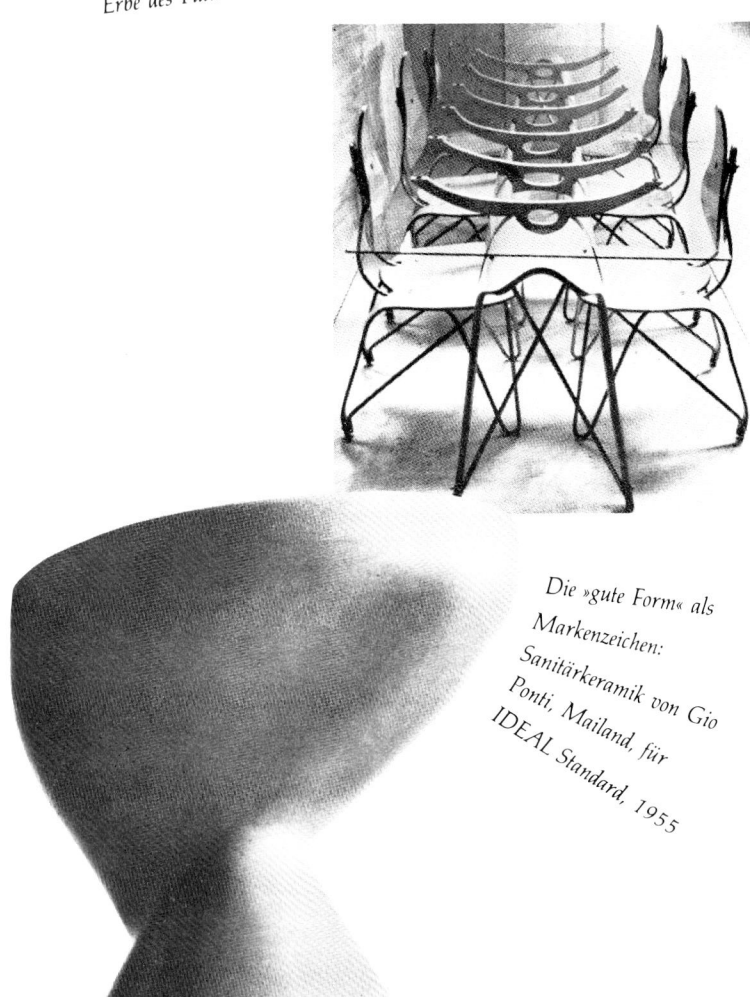

Erbe des Futurismus: Speisezimmer von Carlo Mollino, Turin 1951

Die »gute Form« als
Markenzeichen:
Sanitärkeramik von Gio
Ponti, Mailand, für
IDEAL Standard, 1955

Italien:
Hemmungslos modern

Ein Speisezimmer:
Wie das in einem naturhistorischen Museum
ausgestellte Skelett eines längst ausgestorbe-
nen Urtieres reihen sich rippengleich aus
Sperrholz gesägte Stützen. Ovale, in die Profile
geschnittene »Wirbellöcher« werden zur Mitte
hin größer. Auf den so geformten Stützen ruht
eine rechteckige Glasplatte, die den Blick auf
den bizarren Unterbau freigibt. Eine elegante
Tafel für Dr. Caligari?

*Exzentrisches in
Schwarz und
Weiß:
Keramik von
Antonia Campi*

So jedenfalls schlägt der Turiner Architekt und Möbelentwerfer CARLO MOLLINO die Gestaltung eines extravaganten Eßzimmertisches Baujahr 1950 vor. Sein Entwurf für moderne Zeiten.

Ein Teppich?
Verschlungene abstrakte Linien und die farbliche Komposition geben den Eindruck, daß man sich auf einer betretbar gemachten modernen Kunst befindet. Teppichentwürfe dieser Art stammen vom Mailänder Designer ETTORE SOTTSASS jr.

Modernes Ambiente

Das Geschirr zu diesem Ambiente könnte aus schwarz-weißer Keramik sein ... von ANTONIA CAMPI. Die weißen Gefäßkörper mit bizarren hahnenkammähnlichen Henkeln und einer exzentrischen Schwarzweiß-Bemalung verleihen dem Entwurf eine nahezu abstrakte Expressivität.

Kunst für das schöne Heim: 50er-Jahre-Keramik von Antonia Campi und Pucci Umbertide

*Präsentation von
Teppichen des
Allround-Genies
Ettore Sottsass in
einer Turiner
Galerie, 1955*

Selbst auf italienischen Toiletten sollten die neuen Formen vorherrschen. Für Ideal Standard hat der Mailänder Nobelentwerfer GIO PONTI Keramik entworfen, so schön und elegant geschliffen wie Plastiken des Franzosen Constantin Brancusi.

Das totale Design

Daß selbst Messer und Gabel nach der Logik der neuen SABRA-Linie modern dynamisiert wurden, versteht sich von selbst. LINO SABATTINI ist der maßgebliche Italiener für Tafelschmuck und zuständig für die Neuorientierung auf dem Sektor Besteck.

Wenn das Telefon klingelt, soll man den Hörer – geht es nach den italienischen Designern – von einem weich kissenartig geformten Apparat aufheben. So sieht es jedenfalls ein Entwurf von ETTORE SOTTSASS vor.

Zum Teetrinken verlockt ein verzogen gestaltetes Service von Sabattini. Die Teekanne hat einen Schnabel in einer Form, wie man sie von Stöckelabsätzen Mailänder Schuhfabrikanten kennt.

Kunst zum Durchschwimmen:
Unterwasserskulptur von Antonia Tomasini, 1951

Italienisches Schwimmbad in doppelter Nierenform von Guilio Menoletti, 1951

Das Schwimmbad hinter dem Hause hat selbstverständlich Nierenform und, wie es um 1950 Mode war, eine abstrakte, mit bunten Mosaiksteinen verzierte Unterwasserplastik mit asymmetrischen »Henry Moore«-Löchern zum Durchschwimmen.

Futurismus als Grundstimmung

Kein Lebensbereich, der nicht von einem italienischen Designer auf den neuesten Stand gebracht worden wäre. Modern leben, gestalten und empfinden, hat in Italien Tradition. Schon 1909 schockte der italienische Dichter Marinetti die Öffentlichkeit durch seinen publikumswirksam hervorgetragenen Bruch mit den Formen der Vergangenheit. In seinem futuristischen Manifest verherrlicht er den »röhrenden Rennwagen, der wie ein Maschinengewehr rattert«. Er sei schöner als die geflügelte Nike von Samotrake – ein Hauptwerk hellenistischer Kunst im Pariser Louvre. Sich den Rennwagen

Der Turiner Architekt Carlo Mollino ist heute bereits eine
Kultfigur. Seine Möbelentwürfe aus den frühen 50er Jahren
werden neben Kreationen des spanischen Jugendstilkünstlers
Antonio Gaudi gestellt, den der Turiner verehrte

*Hocker, Couchtisch und Stuhl
von Carlo Mollino in bizarren,
dem Jugendstil sehr ähnlichen
Formen, Turin 1950/52*

zuzuwenden, die damals zwischen den europäischen Metropolen mörderische Straßen-
rennen fuhren, war der erste Schritt eines
Künstlers zur »Maschinenästhetik«.

**Der
unaufhaltsame
Aufstieg des
Modernen**

Die italienische Fünfziger-Jahre-Kunst ist
selbst mit dem Futurismus verbunden, obwohl
viele künstlerische Hoffnungen um Marinetti,
wie der Bildhauer Umberto Boccioni und der
Maler Severini, nicht über ihre wegweisenden
genialen Frühwerke hinauskamen: Sie fielen
tatsächlich im Maschinengewehrfeuer des Ersten Weltkriegs.

Der literarische Initiator des Futurismus
glaubte, nach dem Ersten Weltkrieg seine revo-
lutionären Ideale mit dem italienischen Faschismus verbinden und eine echt italienische
Revolutionskunst schaffen zu können.

So hatte die Moderne in Italien selbst durch
den Faschismus zwar keine brillante Weiter-
führung, aber immerhin keine Niederlage wie
in Deutschland erfahren müssen. Nach dem
Zweiten Weltkrieg konnte auf ungebrochener
Basis die Gestaltung des modernen Lebens in
Angriff genommen werden. Besonders in Mai-
land und Turin bildeten sich Schulen moderner
Richtung heraus, die sich untereinander zu
Spitzenleistungen herausforderten.

**Carlo Mollino:
Genie und
Kultfigur**

Das stärkste Temperament unter den Turiner
Designern hieß CARLO MOLLINO (1905–
1973). Seine Möbel gleichen den Skulpturen
der Futuristen, denn sie zeigen mehr als nur die
auf das Notwendigste zurückgeschliffene
Form. Ganz und gar keine neue Sachlichkeit,
sondern ein Hymnus auf das Bizarre, das, wie
bei einem Knochengerüst, aus der Sichtbarmachung von Kraftlinien entsteht.

Speisezimmertisch von
Carlo Mollino aus
gebogenem Sperrholz und
Kristallglas, 1952

Die aufs Höchste »dynamisierten« Stuhllehnen, Verstrebungen und Sitzformen waren für Handwerker, aber nicht für die Industrie geschaffen. In der Fertigung der dreidimensional geschwungenen Werkstücke konnten Turiner Tischler ihr Geschick unter Beweis stellen. Mollino war mit diesen sehr persönlichen, nur in kleinen Serien, wenn nicht als Einzelstück hergestellten Entwürfen ein entschiedener Gegner des »Razionalismo« Mailänder Prägung.

Carlo Mollino

Dennoch galt der Turiner auch bei den »cooleren« Mailänder Kollegen etwas. Wenn sie in Mailand internationale Ausstellungen organisierten oder in exklusiven Wohnzeitschriften die Überlegenheit des italienischen Geschmacks demonstrierten, war immer Carlo Mollino – genannt »Bizarro« – vertreten. So kommt es, daß sein geniales, aber zahlenmäßig kleines Werk weltweit bekannt wurde und heute zu den gesuchten Raritäten der neuen Fünfziger gehört. Nicht nur in der Form, sondern auch in der Wertschätzung lassen sich diese Möbel mit den organischen Erfindungen des Katalanen Antonio Gaudi vergleichen.

Gio Ponti

Klassischer Gegenpol zur individualistischen Linie des Carlo Mollino war der Mailänder GIO PONTI. Wie viele Kollegen trat er als Architekt, Möbel- und Industriedesigner, Berater und Ausstellungsorganisator sowie als Schriftsteller hervor. Gio Ponti gründete 1927 als 36jähriger die Architektur- und Wohnzeitschrift DOMUS, die seither, auch während der fünfziger Jahre, sein Forum blieb. Gio Ponti organisierte die Triennalen, baute und entwarf in aller Welt, stattete den Ozeandampfer AN-

Eleganter Klapptisch von Gio Ponti, Mailand 1954

DREA DORIA mit eleganten Räumlichkeiten aus und schuf ein Fünfziger-Jahre-Wahrzeichen für Mailand: das PIRELLI-Hochhaus. An diesem eleganten Büroturm wird ein Design-Credo sichtbar, das hinter allen Ponti-Entwürfen steht: Zweckform wird mit höchster, expressiver Eleganz vereint. Wie ein Schiffsbug ragt das Pirelli-Hochhaus, von unten gesehen, in die Höhe. Ponti wollte keinen der üblichen Bürohauskästen, sondern wählte die Form eines langgezogenen Sechsecks, das, von jedem Winkel aus betrachtet, elegant anzusehen war. Mit seinem Hang zur schicken Linie wurde Ponti auch zum Lieblingsarchitekten für die Mailänder und die internationale Bourgoisie.

Wie jeder große Italiener verstand er sich auch auf Entwürfe für Messer und Gabeln, Leuchter, Kerzenleuchter, Sitzgarnituren, Schreib-

tische und elegante Sofas. Gewöhnliche Formen versah er mit optischen Reizen, indem er
beispielsweise der Lehne eines an sich geraden
und akkuraten Stuhls einen kleinen Knick
nach hinten verlieh, Sitzpolster eines volumi-
nösen Sessels in übereinander schwebende
Massen verteilte oder, wie bei seinem von Cas-
sina gebauten Modell LOTUS, eine kreisende,
leicht modellierte Schalenform verwendete
(Abb. Seite 121).

Aus
Funktionen
wurden
Formen

Zeitungsständer aus schwarz-weiß glasierter Keramik

Totales Design aus Mailand:

Musikschrank in verschiedenen
Variationen nach Entwürfen von
Kurt Kontzen (Köln) für Gio Ponti,
Mailand 1955

Großer Schreibtisch von Gio Ponti,
Mailand 1952

Gio Ponti beherrschte als Architekt
und Herausgeber der stilvollen
Wohnzeitschrift »domus« die
Mailänder 50er-Jahre-Szene

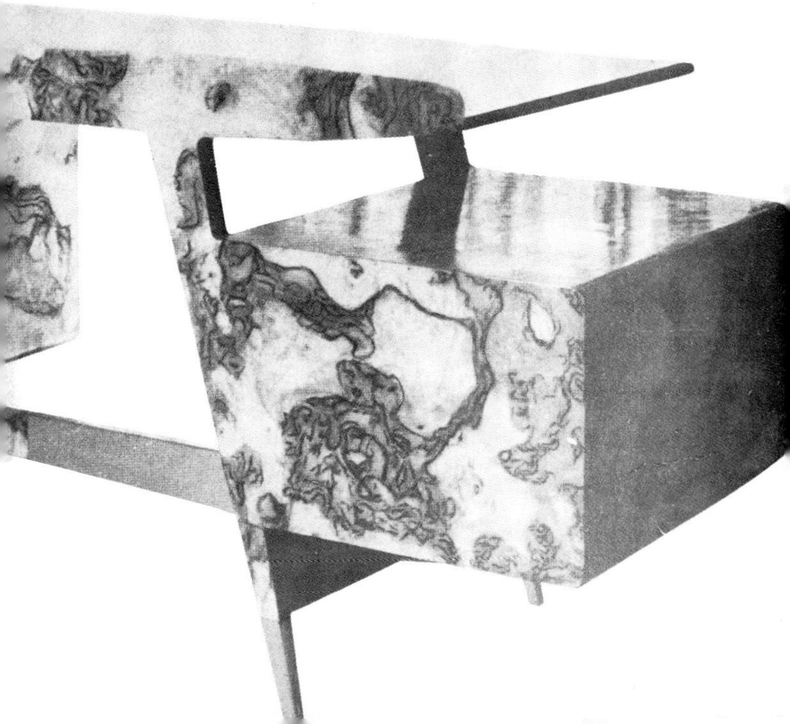

*Verstellbarer
Ruhesessel:
Entwurf
O. Borsani für
TECNO, 1956*

Eine Synthese der Künste, ohne synthetisch zu wirken, erzielte der Designer und Architekt LUCIANO BALDESSARI, der, 1951 aus Amerika zurückgekehrt, als 54jähriger den frühen fünfziger Jahren Form verlieh. Die von ihm gestaltete Eingangshalle zur IX. TRIENNALE 1951 stimmt auf die neue Formdynamik der Nachkriegszeit ein. Eine 250 Meter lange, rhythmisch geschwungene Neonröhre kurvte als Leitsymbol der neuen Formgebung über die Decke: ein Theaterfoyer zur Premiere des modernen Designs.

Ausstellungs-architektur als Bühne des Fünfziger-Jahre-Stils

Aber nicht nur für Tassen, Staubsauger und Sitzschalen fand Baldessari den richtigen Rahmen. Auch für die Schwerindustrie auf der Mailänder Messe gestaltete der Designer die Messestände als atemberaubendes Fünfziger-Jahre-Ambiente: Für die Firma Breda errichtete er 1951 die große Betonschleife auf der Mailänder Industriemesse. Eine geniale Geste und das imposanteste Zeugnis frei schwingender Form. Innerhalb der Betonschleife gab es, wie bei einem Kreuzgang, acht Stationen, die die einzelnen Firmen und Aktivitäten des Konzerns illustrierten. Mit dieser Ausstellungsarchitektur zeigte Baldessari auch, wie frei und schöpferisch die fünfziger Jahre damals in Italien waren.

Seine Philosophie:
»Ich beschäftige mich mit den unwahrscheinlichsten Themen, mit den neuesten Experimenten, wenn sie nur von Erfindungsgeist zeugen und eine Mitteilung enthalten. Es bereitet mir einen unsagbaren Genuß, mich den Gefahren der Verwirklichung meiner Projekte auszusetzen.«

Nachfolgende Seite: Das Foyer zur IX. Triennale in Mailand 1951

50er-Jahre-Design aus Japan:
Die aus Glas, Metall und hellem Holz
gefertigten drei Tische
lassen sich zu einer modernen dekorativen
Form, je nach Belieben, kombinieren
Entwurf: Yukio Tsushiya, Tokio 1954

Japan und Südamerika:
Formenkult und Stilexzeß

Fünfziger-Jahre-Stil ist nicht nur ein europäisches und amerikanisches Phänomen. Wir begegnen ihm in Japan und Südamerika, wobei der Ferne Osten mit seiner meditativen Wohntradition den modernen Wohnstil bei uns nach dem Krieg sehr beeinflußt hat und selbst zu einer Form gefunden hat, die Altes und Neues harmonisch verbinden konnte.

Japans
meditative
Moderne

In Südamerika hingegen wuchs der Fifties-Stil ins Kühne und Monumentale. Modernismus wurde, wie beim großen Staatsprojekt Brasilia, als Formensprache des Fortschritts eingesetzt. Aber auch in Luxuswohnungen der Bourgoisie in Venezuela findet man Fifties in Reinkultur – angefangen bei den Mosaiken im Swimmingpool bis zur »modernen« Kunst auf dem Garagentor.

Südamerikas
exhibitioni-
stischer Stil

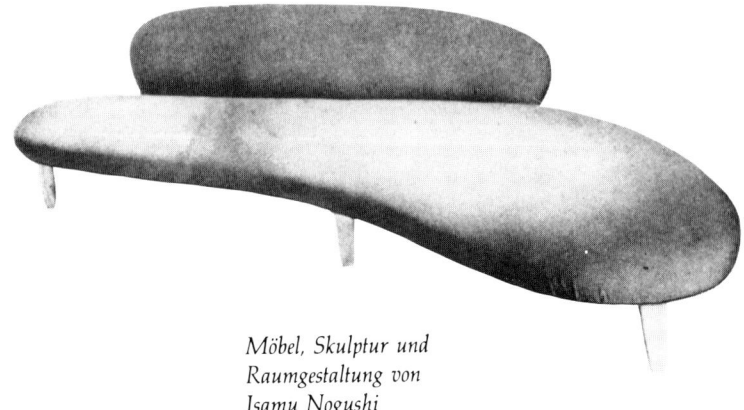

Möbel, Skulptur und
Raumgestaltung von
Isamu Nogushi

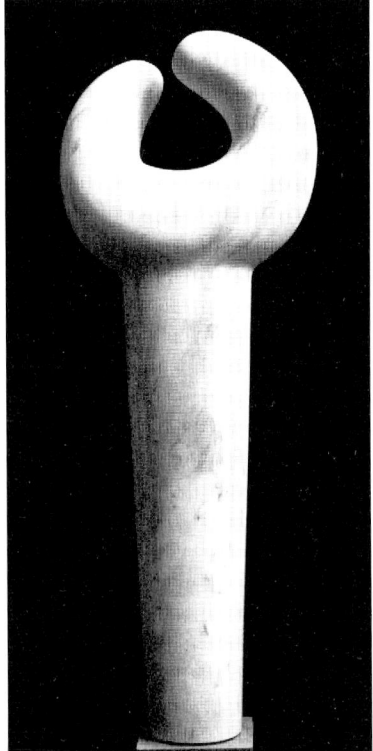

Sofa für Herman Miller, frühe
50er Jahre

Skulptur in griechischem
Marmor, 1952–58

Die Einfachheit japanischer
Wohnkultur wird in dem
50er-Jahre-Interieur von Isamu
Nogushi überzeugend umgesetzt

Die leeren lichten Räume aus
Japan wurden auch in Europa,
vor allem in Dänemark, als
vorbildlich angesehen

Das klassische japanische Haus scheint Qualitäten zu verkörpern, die wir in Europa erst nach dem Krieg als Forderung für neues und modernes Wohnen aufgestellt haben. Gestaltungsziele wie Einfachheit, durchdachte Innen- und Außenbeziehung, Modellsystem, Vorfabrikation und Flexibilität könnten als Forderungskatalog in einem Manifest für modernes Wohnen stehen. In perfekter Weise verwirklicht finden sich diese Ideale schon im traditionellen japanischen Wohnungsbau. Leere Räume, sparsame Möblierung – kurz die künstlerische Gestaltung des täglichen Lebens gehört zur Eigenart japanischer Kultur, in der Schaffen nicht nur ein physischer, sondern auch ein geistiger Schöpfungsakt ist.

Durchgeistigte Moderne

Modeworte wie »Form im Raum« – ein Slogan, der bei uns in den fünfziger Jahren geprägt wurde – bezeugen, wie wir in den frühen Fünfzigern von der Japanmode beeinflußt wurden. Ganz abgesehen von den Papierlampions, die nach altem japanischem Muster via skandinavischem Design in die westlichen Wohnstuben Einzug hielten.

Aber Japan verstand es auch, seine Tradition von Wohnkultur, die ihren Idealen schon sehr nahe kam, durch neue Formen zu bereichern.

Japanische Wohnkultur

Nach Meinung internationaler Fachleute und Sammler gilt ISAMU NOGUSHI als einer der bedeutendsten Schöpfer moderner Möbelformen. Er wurde 1904 in Los Angeles als Sohn eines japanischen Dichters aus Tokio und einer amerikanischen Schriftstellerin halb schottischer, halb indianischer Herkunft geboren. 1906 kehrte die Familie nach Japan zurück, wo Isamu Nogushi eine Tischlerlehre absolvierte, bevor er nach dem Ersten Weltkrieg in die USA zurückkehrte. Medizinstudium, Aus-

Nogushi

bildung als Bildhauer in New York an der Leo-
nardo da Vinci Art School, ein eigenes Atelier
in Greenwich Village, ein Stipendium in Paris,
wo er Brancusi, Calder und Foujita kennen-
lernte, folgten.

Der Vielseitige und Vielbegabte porträtierte
bedeutende Künstler seiner Zeit, unternahm
Reisen, die ihn nach Sibirien und Peking führ-
ten, wo er bei Chiphishij die chinesische Pinsel-
malerei erlernte. Abschließend arbeitete No-

Möbel und moderne Skulptur zugleich ist der
Couchtisch von Isamu Nogushi, der bereits als
Klassiker angesehen wird.
Die geätzten Glasflaschen stammen von Mazega,
Italien 1950

gushi mehrere Monate in Japan bei einem Töpfer. Als Bühnenbildner und Spielplatzgestalter beginnt er zum großen Environment-Künstler, der Spielplätze in Hawaii, Gartengestaltung in Japan sowie den japanischen Garten im neuen UNESCO-Gebäude in Paris ausführt, zu werden.

In den vierziger Jahren entwickelte Nogushi aus der Holzskulptur eine Form zum flachen Couchtisch, der vorbildlos und formvollendet zugleich ist. Ein Modell aus zwei gleichen hakenförmigen Holzstücken mit einer schweren, spannungsvoll geformten Glasplatte übernimmt der Möbelfabrikant Herman Miller Ende der vierziger Jahre in sein anspruchsvolles Programm. (Knoll International produzierte die berühmte NOGUSHI-Tischlampe, die stark an japanische Tradition und Ästhetik anknüpft.) Japanische Einfachheit und Sinn für kultivierte Form zeigt sein für Miller entwickeltes Sofa, das heute größten Seltenheitswert besitzt.

Meister der kultivierten Form

Formsinn, Traditionsverbundenheit und kultiviertes Handwerk machen auch Entwürfe anderer Japaner zu überlegenen Produkten. Einige Beispiele: der Hocker aus zwei gleichförmig gepreßten, miteinander verschraubten Sperrholzformen von SORI YANAGI von 1956 oder der kombinierbare Teetisch von YUKIO TSUSHIYA von 1954, der sich aus drei Teilen zusammenstellbar beliebig variieren läßt. Materialkontraste (helles Holz, Glas und Metall) machen dieses Spiel mit Formen besonders reizvoll.

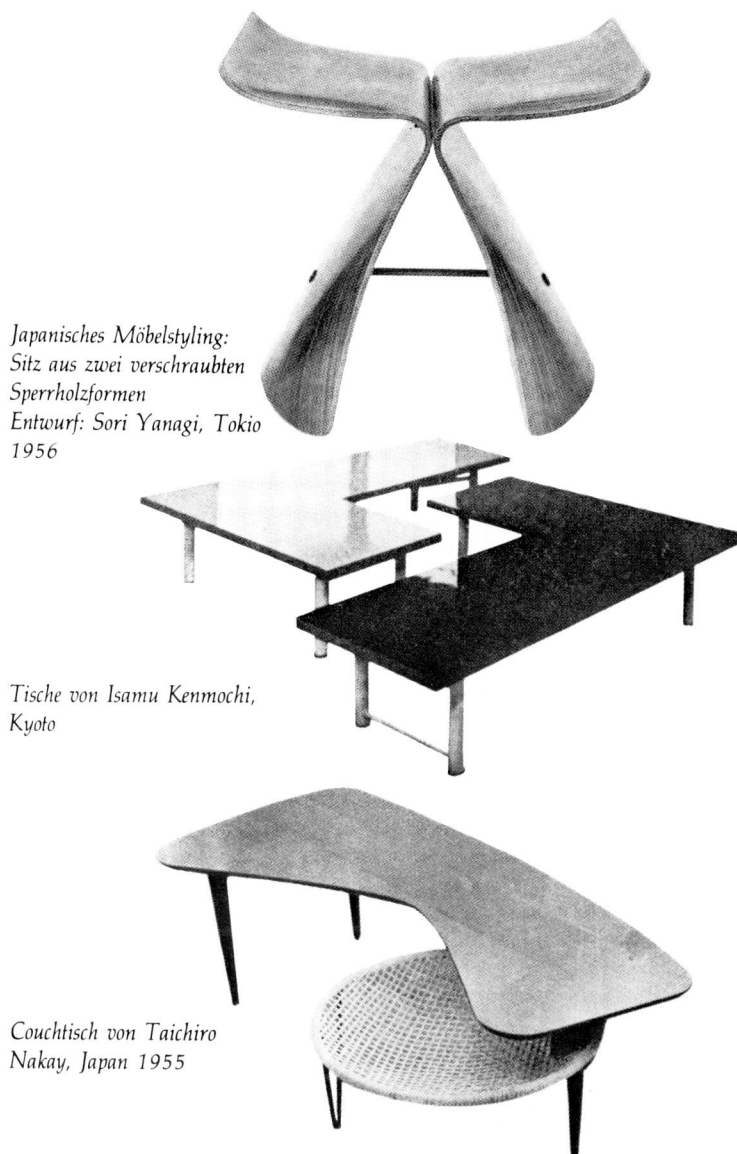

Japanisches Möbelstyling:
Sitz aus zwei verschraubten
Sperrholzformen
Entwurf: Sori Yanagi, Tokio
1956

Tische von Isamu Kenmochi,
Kyoto

Couchtisch von Taichiro
Nakay, Japan 1955

So in sich gekehrt und im europäischen Sinne »werkgerecht« japanische Möbel konzipiert sind, so spektakulär kühn liebten ihrem Temperament entsprechend die Südamerikaner den modernen Stil. Kunst am Bau, wie sie auch in Deutschland nach dem Kriege zum guten Ton gehörte, trieb in Südamerika die exzessivsten Blüten. Über der großen Aula der Universität von Caracas schwebten, um die Architektur aufzulockern, und die Akustik zu verbessern, Riesengebilde vom Amerikaner Alexander Calder in freien Formen ausgeschnitten

Spektakuläre fünfziger Jahre

Blau-weißes Ambiente für die Schickeria von Caracas:

Türen, Fußböden und Wände sind konsequent blau-weiß gehalten.
Selbst das Glas von Venini fügt sich in die Blau-weiß-Komposition ein.
Federführend für dieses konsequente Beispiel einer durch und durch im
50er-Jahre-Stil gehaltenen Villa war der Mailänder Modearchitekt Gio Ponti

und selbstverständlich in der grellen Fünfzi-
ger-Jahre-Palette bemalt. Brasilia – 1000 Kilo-
meter landeinwärts, mitten im Brachland entstandene neue Regierungshauptstadt – gleicht
einer utopischen Fünfziger-Jahre-Vision mit
seinem aus der modernen Kunst entlehnten
Betongebilde, künstlichen Seen und Skulpturen, selbst die Geldbourgoisie schwenkte vom
traditionellen Kolonialstil auf die »Moderne«
um.

Musterbeispiele für ein »totales Fünfziger-Jahre-Ambiente« gab es in Venezuela. Weil Geld
bei der Oberschicht in diesem südamerikani-
schen Staat keine Rolle spielte, konnten hier
eine Reihe moderner Villen – »Quintas« – ent-
stehen, die an Mondänität alles Europäische
übertrafen, obwohl für die Gestaltung und
Ausstattung europäische Architekten verantwortlich zeichneten.

So entstand im 2 Millionen Quadratmeter
großen »Country Club« von Caracas die
Quinta »La Diamantina« vom Mailänder Architekten Gio Ponti entworfen. Aus der Luft gesehen, sieht das zwischen Golfwiesen und
Tennisplätzen gelegene Anwesen wie ein großer Schmetterling aus. Die flach gedeckte Villa
mit länglichem Mittelteil hat rechts und links
fächerförmig die Wohn- und Wirtschafts-
räume angeordnet. Das Besondere an Pontis
Konzeption ist die Farbgebung: Das ganze
Haus, selbst die Inneneinrichtung, ist in Blau
und Weiß gehalten. Die Fußböden aus Keramik sind aus Salerno, dunkelblau und weiß ge-
streift, Lampen und Ziervasen aus Murano
von Venini und Seguso – selbstverständlich in
den schönsten Blautönen. Die Emailarbeiten
stammen von De Poli und sind in Blau und Silber, die Türen hat Gio Ponti blauweiß bemalen

Eine Villa in
Caracas

Oscar Niemeyer:
Modell für ein
Clubgebäude in
Belo Horizonte,
Brasilien 1954

Alexander Calder:
Schallschluckende Deckenplatten im großen Auditorium
der Universität von Caracas in Venezuela.

Gio Ponti:
Salonsessel »Lotus« von 1956

lassen. Blauweiß sind auch sämtliche Möbelbe-
zugsstoffe und Vorhänge. Selbst das Mercedes
Cabriolet der Hausbesitzerin ist stahlblau.
Kaum ein anderes Beispiel zeigt so konsequent,
wie sehr die Fünfziger-Jahre-Innenarchitektur
Tendenzen der modernen Kunst als Möglichkeit für einen modernen Lebensstil übernom-
men hat. Diese »Modernität« macht heute die
fünfziger Jahre wieder stark und attraktiv.

*Das Privathaus
des Architekten
Oscar Niemeyer in
Rio de Janeiro,
1952*

Modern um
jeden Preis

Zeittafel

1950
Im sog. Marshallplan gewähren die USA den westeuropäischen Ländern Wirtschafts- und Aufbauhilfe
In den USA sind 1,5 Millionen Fernsehempfänger in Betrieb (in England 250 000)
Das Versandhaus Quelle erzielt einen Jahresumsatz von 40 Millionen Mark (1952 werden es 103 Millionen sein, 1958 403 Millionen)
Absurdes Theater: Eugen Ionescos »Die kahle Sängerin«
Die Mode betont den »weiblichen« Stil: kleine Hüte, kurze gelockte Frisuren

1951
IX. Triennale in Mailand – bedeutendste Ausstellung des internationalen Designs

1952
Die USA bringen erste H-Bombe zur Explosion
Einführung der Nietenhosen (Blue jeans) in Europa
John Steinbecks Roman »Jenseits von Eden«

1953
Hugh Hefner gründet das »Playboy«-Magazin
Rosenthal bringt in den USA das Continental-Porzellan auf den Markt. Um für das US-Exportgeschäft gerüstet zu sein, hatte die deutsche Firma das amerikanische Design-Büro Raymond Loewy Ass. beauftragt, geeignete »zeitnahe« Formen für Porzellanservice zu entwerfen
Neue Linie auf dem Automarkt: Der Studebaker Starline Coupé nach Entwürfen von Raymond Loewy
Christian Dior bringt die »Tulpenlinie« in die Damenmode
Erster Cinemascope-Film: »Das Gewand«

1954 X. Triennale in Mailand
Mit Hilfe amerikanischer Gelder wird in Ulm
die HOCHSCHULE FÜR GESTALTUNG als
Stiftung von Inge Scholl-Aicher gegründet
(Nachfolgeorganisation des von Hitler verbo-
tenen BAUHAUSES)
Erfolgsfilm: »Drei Münzen im Brunnen«
Der französische Modeschöpfer DIOR pro-
klamiert die »knabenhafte H-Linie« für die
Frauenmode

1955 Das Mailänder Kaufhaus RINASCENTE stif-
tet den »Goldenen Kompaß« (Compasso d'Oro)
als Auszeichnung für vorbildliche industrielle
Formgebung
Eine neue Generation von Flugzeugen wird ge-
testet: Erster Flug einer BOEING 707
Der CITROËN DS19 als neue europäische
Autokonstruktion auf dem Pariser Autosalon
vorgestellt
1. DOCUMENTA in Kassel bringt einen Über-
blick zur Kunst des XX. Jahrhunderts
Bill HALEYs »Rock around the clock«
A-Linie in der Damenmode: hängende Schul-
tern, keine Hüften, breite Röcke
Kabinenroller »ISETTA« kommt auf den
Markt
»America at home« – Sonderausstellung für
amerikanische Haustechnik auf der Frankfur-
ter Messe

1956 Weltpotential an Atombomben: USA 35 000 –
UdSSR 15 000
Elvis PRESLEY: »Love me tender«
In Deutschland gibt es 6483 Filmtheater mit
2,7 Millionen Sitzplätzen
»This is tomorrow« – bahnbrechende Ausstel-
lung in London. Kann als Beginn der POP-
ART gewertet werden
Der »Lounge Chair« von Charles EAMES geht
bei MILLER in Produktion

1957   Literatur-NOBELPREIS für den Schriftsteller
                   und Philosophen des Existentialismus Albert
                   CAMUS
                   XI. Triennale in Mailand
                   Eintritt der Bundesrepublik in die EWG
                   SPUTNIK I – erster Erdsatellit
                   Einem Umfrageergebnis nach besitzen 50 %
                   der deutschen Haushalte außer Schulbüchern
                   kein Buch, 10 % haben 1 bis 10 Bücher, 40 %
                   über 10 Bücher
                   Nach Schätzungen fehlen 40 000 Schulräume
                   in der Bundesrepublik
                   Bauausstellung »INTERBAU« in Berlin unter
                   Mitwirkung bedeutender internationaler Ar-
                   chitekten

1958   Das Museum of Modern Art stellt die neue
                   sachliche Produktlinie von BRAUN aus
                   Weltausstellung in Brüssel mit dem ATO-
                   MIUM als Wahrzeichen. Der deutsche Pavillon
                   wird von Sep Ruf und Egon Eiermann gestal-
                   tet

1959   2. DOCUMENTA in Kassel bringt europäische
                   Tendenzen der Nachkriegszeit. Ausstellungs-
                   motto: »Klärung für die Gegenwart und Hoff-
                   nung für die Zukunft«
                   Jean Luc GODARDs »Außer Atem« – Alain
                   RESNAIS' »Hiroshima mon amour«: Filme der
                   französischen »Neuen Welle«

Literatur

Roberto Aloi, **Esposizioni**-Architecture-Allestimenti, Mailand 1960

Paul Bode, **Kinos** – Filmtheater und Filmvorführräume, München 1957

Anne Bonny, **Les Annes Cinquante,** Paris 1982

Christian Borngräber, **Stilnovo** – Design in den 50er Jahren, Phantasie und Phantastik, Frankfurt 1979

Philippe Garner, **Twentieth Century Furniture,** London 1980

Eileene Harrison-Beer, **Scandinavian Design** – Objects of a Life Style, Toronto 1975

Raymond Loewy, **Häßlichkeit verkauft sich schlecht,** Düsseldorf 1958

Paul Maenz, **Die 50er Jahre** – Formen eines Jahrzehnts, Stuttgart 1978

Paolo Portoghesi, **Album degli Anni Cinquanta,** Bari 1977

Eero Saarinen, **Eero Saarinen** – On his Work, New Haven 1962

Herta-Maria Witzemann, **Deutsche Möbel heute,** Stuttgart 1954

Ausstellungskataloge

1950 – **Orientierung nach dem Kriege,** Ausstellungskatalog der Neuen Sammlung, München 1980

Westkunst – **Zeitgenössische Kunst seit 1939,** Köln 1981

Luciano Baldessari – Ausstellungskatalog der Neuen Sammlung, München 1959

Wohn- und Architekturzeitschriften, die in den 50er Jahren bedeutend waren

Deutschland	**Architektur und Wohnform** (seit 1892)
	Bauen und Wohnen (seit 1946)
	magnum (1954–1959)
Frankreich	**L'Oeil** (seit 1955)
	L'Architecture d'aujourd'hui (seit 1930)
Italien	**domus,** architectura arredamente arte (seit 1927)

Dr. Albrecht Bangert, Jahrgang 1944, Promotion in Kunstge-schichte, Herausgeber und Autor von Büchern mit kunsthistori-schen, sammlerspezifischen und stilgeschichtlichen Themen. In diesem Bereich auch als Journalist und Photograph tätig. Im Heyne-Verlag sind u. a. erschienen: Ju-gendstil/Art Déco (4 Bände), Thonet-Möbel, Jugendstil-Lam-pen

Dr. Albrecht Bangert
Peter-Paul-Althaus-Str. 9 F
8000 München 40

Galerien und Kunsthändler, die auf die 50er Jahre spezialisiert sind:

Galerie 1900/2000 – **Marcel Fleiss,** 8 Rue Bonaparte, 75006 Paris, Tel. 325.84.20
Bd. 2: S. 22 / 31 / 51 / 57 / 58 / 82

Galerie 1930–1950–1960 – **Mara Cremniter,** 9 Rue de Provence, 75009 Paris, Tel. 770.42.70
Bd. 1: S. 50 / 67 / 83 / 91; Bd. 2: S. 63 / 86 / 94 / 95

Galerie **Lewis Kaplan Ass.,** 50 Fulham Road, London SW3, Tel. 589.31.08
Bd. 1: S. 86; Bd. 2: S. 44 / 71 / 75 unten / 78 / 79 / 81

Michael Pruskin, Chenil Galleries, 181 Kings Road, London SW3, Tel. 352.90.95
Bd. 1: S. 15; Bd. 2: S. 75 oben / 87 / 90 unten

Martins-Forrest Antiques, 84 Southwood Lane, London N6,
Tel. 348.74.20 oder 341.06.73
Bd. 2: S. 91

Leonard Tomkinson, 40 West 77th Street, Apt. 11A, New York
City 10024, Tel. 874.33.02
Bd. 1: S. 91

Simon Böden & Guiliana Medda, Chenil Galleries, 181 Kings
Road, London SW3, Tel. 352.32.12
Bd. 1: S. 95; Bd. 2: S. 90 oben

Denis Bosselet, Marché Paul Bert, Stand 421, Allee 7, Paris,
Tel. 296.84.82 oder 252.21.72
Bd. 1: S. 87 / 115

Jean-Elie Olivier, 5 Rue Edgard Quinet, 92120 Montrouge,
Tel. 654.34.49 oder 253.11.17
Bd. 2: Titel

Fifty/50, **Mark Isaacson,** 72 Thompson Street, New York City
10012, Tel. 598:42.59

Cobra & Bellamy, Decorative Art and Jewellery of the 20th Century, 149 Sloane Street, London SW1, Tel. 730.28.23
Bd. 1: S. 103; Bd. 2: S. 93

Jean-Marc Mondalian-Boutes, 25 Rue St. Isaure, 75018 Paris,
Tel. 262.23.60
Bd. 2: S. 55 / 67

1950 **ALAN,** 38 Rue de Lille, 75007 Paris, Tel. 260.94.37
Bd. 1: S. 55 / 78; Bd. 2: S. 19

Stefan Vogdt, Kurfürstenstraße 5, 8 München 40, Tel. 2 71 68 57